A Vivi
A r
A Gui

D0627562

Carlos Yáñez García
Médico cirujano, especialista en otorrinolaringología.
Fellow del American College of Surgeons y del
International College of Surgeons.
Director y Profesor del Sinus and Image Guided Surgery Resource
Center, México, D.F.

Colaboradores:
Nallely Mora Salinas
José Antonio Pirrón Lozano

SINUSITIS

Guía práctica para médicos, pacientes y familiares

- Avances más recientes en el diagnóstico y tratamiento de la sinusitis

- Recomendaciones paso a paso sobre cómo tratarla

- Consejos valiosos individualizados para cada paciente

Carlos Yáñez García

EDITORIAL TRILLAS

México, Argentina, España,
Colombia, Puerto Rico, Venezuela   ®

SINUS SURGERY CENTER

Catalogación en la fuente

Yáñez García, Carlos
    Sinusitis : guía práctica para médicos, pacientes y
familiares. -- México : Trillas, 2011.
    165 p. : il. (algunas col.) ; 23 cm.
    Bibliografía: p. 135-141
    Incluye índices
    ISBN 978-607-17-0725-3

    1. Sinusitis. I. Mora Salinas, Nallely. 2. II. t.

D- 616.212'G532s   LC- RF425'G3.8

División Administrativa,
Av. Río Churubusco 385,
Col. Pedro María Anaya, C.P. 03340,
México, D. F.
Tel. 56 88 42 33, FAX 56 04 13 64

División Comercial,
Calzada de la Viga 1132,
C.P. 09439 México, D. F.,
Tel. 56 33 09 95,
FAX 56 33 08 70

www.trillas.com.mx

Tienda en línea
www.etrillas.com.mx

Miembro de la Cámara Nacional de
la Industria Editorial,
Reg. núm. 158

Primera edición, enero 2011*
ISBN 978-607-17-0725-3

Impreso en México
Printed in Mexico

Reconocimientos

A LOS PACIENTES QUE SUFREN SINUSITIS

La comunicación es una de las más antiguas destrezas del ser humano. A menudo se toma por hecho y raramente se incluye como una materia en la currícula de las escuelas de medicina. Estando en las sombras de la explosión del conocimiento médico, la discusión profunda del abordaje de una cierta enfermedad es un tema aburrido y con poco potencial innovador entre el médico y el paciente. Sin embargo, la comunicación, tanto verbal como escrita, aún es el instrumento más importante en la profesión médica.

Los avances tecnológicos en medicina no sustituyen la necesidad de cuidados y de un médico dedicado a sus pacientes. Más aún, en nuestros días el avance a pasos agigantados de la tecnología en medicina, día tras día y en medio de nuestros hospitales modernos y sofisticados, cualquier esfuerzo de comunicación entre médicos, o bien, entre el médico y el paciente, es de crucial importancia.

Los orígenes de esta obra se basan en el trabajo diario con los pacientes, en los análisis constantes y la correspondencia con muchos colegas alrededor del mundo, así como en la experiencia que ofrece la práctica cotidiana de la rinología. Todo esto nos ha permitido aplicar la innovación e impulsar los grandes avances en el criterio diagnóstico y en el tratamiento oportuno de nuestros pacientes con sinusitis.

Ninguna obra sobre esta enfermedad es capaz de alcanzar la meta de cubrir todos y cada uno de los aspectos particulares, y este libro no es la excepción. Nuestro esfuerzo por contribuir con el conocimiento y la mejor información del paciente ha tratado de ser el mejor y más claro. El resultado final, consideramos, es un libro que provee al lector una impresión de la diversidad del panorama de la enfermedad, con el deseo de que comprenda mejor el problema.

Estamos agradecidos con todos los participantes en la formación de esta idea y el desarrollo de esta sinfonía. Estamos en deuda con nuestro editor, el señor Fernando Flores, y con Editorial Trillas, quienes con entusiasmo hicieron posible este libro.

Mi agradecimiento a las enfermeras, secretarias ejecutivas y empleados del Sinus Surgery and Image Guided Resource Center, de México, D. F.

CARLOS YÁÑEZ

Prefacio

Es sorprendente la escasa existencia de escritos acerca de la sinusitis, considerando que millones de personas en nuestro país y en el mundo sufren esta enfermedad tan devastadora para nuestro organismo. Hay una gran falta de información al respecto, tanto a nivel popular como en el ámbito médico en general; además, existen conceptos falsos que confunden al paciente que padece sinusitis.

La mayoría de las personas que tienen esta enfermedad se autorrecetan medicamentos o remedios de manera empírica, los cuales alargan el proceso de la enfermedad en lugar de curarla, ya que la aparente mejoría los hace desistir de acudir al médico especialista al sentirse bien temporalmente.

Es común que la gente asocie la contaminación o las alergias con un "catarro persistente", en donde los síntomas habituales suelen ser escurrimiento nasal, estornudos repetitivos, descarga de moco retronasal o dolor de cabeza, así como el inicio de molestias incapacitantes como dolor facial, ocular, etcétera.

Explicar la enfermedad no es tarea fácil. Esto porque, en primer lugar, es hasta hoy que se van esclareciendo muchas de las incógnitas acerca de ella, como su causa y el tratamiento para detener su avance dentro de los senos paranasales. En segundo lugar, porque para comprender la enfermedad sinusítica se requiere un conocimiento profundo de las complejidades de la fisiología nasal.

La primera parte de este libro intenta explicar la sinusitis en forma clara y breve, mediante la experiencia del Sinus Surgery Center. Creemos que este material es esencial para comprender y enfrentar los sucesos que se presentan durante la evolución de la enfermedad.

Este libro proporcionará al lector una visión amplia de los cuidados que se requieren, además de orientar hacia los recursos más autorizados y actualizados para el tratamiento de la sinusitis. Asimismo, constituye una guía rápida para pacientes y familiares en el cuidado de la salud, y una referencia práctica, de fácil acceso, que incluye muchas sugerencias, muy importantes para evitar complicaciones.

No podemos dejar de agrader a las personas que han sido esenciales para la realización de este libro.

CARLOS YÁÑEZ

Acerca del autor

El doctor **Carlos Yáñez** es director y profesor del Sinus Surgery and Image Guided Resource Center de México y miembro del Departamento de Otorrinolaringología del American British Cowdray Medical Center de México. Recibió su licenciatura en medicina por la Facultad de Medicina de la Universidad La Salle, en México. Su formación de posgrado incluye la residencia de Otorrinolaringología y Cirugía de Cabeza y Cuello en la Universidad Autónoma de Barcelona, España, y en el Klinik Institut Zentrum del Universitäts Spital de Zürich. Además, formó parte de un grupo de investigadores y obtuvo el renombrado premio "Juan Farill", en 1980, que otorga la Academia Mexicana de Cirugía.

Está certificado por el Consejo Mexicano de Otorrinolaringología y Cirugía de Cabeza y Cuello. Es miembro de la American Academy of Otolaryngology, American Rhinologic Society y de la Sociedad Mexicana de Otorrinolaringología. Posee el nombramiento de Fellow del American College of Surgeons, así como el de Fellow del International College of Surgeons.

Es profesor de posgrado, en la Universidad La Salle, de numerosos cursos de cirugía endoscópica de senos paranasales, así como profesor titular del Fellowship en Cirugía Nasosinusal, que ha dictado en el Sinus Surgery Center desde 1991 hasta la fecha, en donde numerosos alumnos (nacionales y extranjeros) han rotado bajo su tutela. Además de su docencia académica en cirugía de senos paranasales, el doctor Yáñez se ha especializado en su práctica clínica en rinología y alteraciones sinusales.

Por otra parte, ha dirigido numerosos cursos y presentaciones de enseñanza sobre el diagnóstico y tratamiento de la sinusitis alrededor del mundo, especialmente en Estados Unidos al lado de famosos médicos de ese país. Ha sido profesor invitado sobre cirugía nasosinusal en muchas reuniones de la American Academy of Otorhinolaringology, de la International Rhinologic Society y de la American Association for the Allergy of the Nose, así como en prestigiosas cátedras de Universidades de Estados Unidos, como en las de Pittsburgh, Pennsylvania y Harvard. Ha diseñado instrumentos quirúrgicos y técnicas de cirugía que son utilizados por numerosos médicos en todo el mundo.

El doctor Yáñez ha publicado múltiples artículos profesionales sobre temas de cirugía de mínima invasión en senos paranasales, y sus trabajos han aparecido en publicaciones científicas como *Otolaryngology Head and Neck Surgery, Operative Techniques in Otolaryngology Head and Neck Surgery, Rhinology, The LandmarX Library, Acta Otorrinolaringológica Española, Arquivos Portugueses de Otolaringologia* y *Anales Médicos,* del *American British Cowdray Medical Center.*

Es autor de dos libros de la especialidad: *Atlas de disección de hueso temporal,* publicado por Doyma, en Barcelona, y *Atlas de cirugía endoscópica de senos paranasales,* publicado por Springer-Wien, en Nueva York, una de las compañías editoriales más renombradas en el campo de la investigación científica y de ciencias médicas.

Acerca de los colaboradores

La doctora **Nallely Mora** es profesora asociada del Sinus Surgery and Image Guided Resource Center de México y miembro del Departamento de Otorrinolaringología del American British Cowdray Medical Center de México.

Recibió su licenciatura médica en la Facultad de Medicina de la Universidad Anáhuac, en la Ciudad de México. Su formación de posgrado incluye la residencia de Otorrinolaringología y Cirugía de Cabeza y Cuello en el Hospital Español de México y en la Universidad La Salle.

Además de completar su capacitación en cirugía endoscópica funcional de senos paranasales en el Sinus Surgery Center de la Ciudad de México y en el American British Cowdray Hospital. Cursó un posgrado en la Health Care Management de la Universidad de Loyola, Estados Unidos.

Está certificada por el Consejo Mexicano de Otorrinolaringología y Cirugía de Cabeza y Cuello. Es miembro de la American Academy of Otolaryngology, de la American Rhinologic Society y de la American British Cowdray Medical Center.

Tiene una valiosa reputación nacional e internacional debido a sus numerosas presentaciones científicas tanto en México como en Estados Unidos, sobre todo en la American Academy of Otolaryngology. Cuenta con muchas publicaciones científicas en las revistas de la especialidad como la *Otolaryngology Head and Neck Surgery*, *The LandmarX Library* y *Anales Médicos*, del *American British Cowdray Medical Center*.

Durante los últimos ocho años se ha dedicado a resolver casos difíciles y complicados de sinusitis, biofilms, superantígenos, tumores de la base de cráneo y trastornos funcionales de la trompa de Eustaquio.

El doctor **José A. Pirrón**, egresado de la Universidad Anáhuac, con estudios de posgrado en la University of Pittsburgh (Pennsylvania, EUA), es profesor asociado del Sinus Sugery Center. Certificado por el Consejo Mexicano de Otorrinolaringología y Cirugía de Cabeza y Cuello. Además, es miembro de la American Academy of Otolaryngology, de la Asociación Médica del Hopital ABC (Departamento de Otorrinolaringología), y de la Sociedad Mexicana de Otorrinolaringología y Cirugía de Cabeza y Cuello.

El doctor Pirrón tiene un especial interés en las áreas del manejo médico y quirúrgico de las enfermedades de la nariz, senos paranasales, trompa de Eustaquio y base de cráneo. Cuenta con diversos cursos de preparación, publicaciones y proyectos de investigación en estos campos y con la experiencia de haber sido parte del equipo de trabajo de la Dirección de la División de Enfermedades Nasosinusales y Alergias de la Universidad de Pittsburgh, así como de la División de Cirugía Endoscópica de Base de Cráneo en este mismo lugar. Actualmente es profesor asociado del Sinus Surgery Center en el American British Cowdray Medical Center, en México, Distrito Federal.

Índice de contenido

Introducción

SINUSITIS CRÓNICA

La sinusitis crónica es la forma más común de enfermedad nasal, y no es una variedad más de resfriado ordinario sino un padecimiento lo suficientemente grave como para interferir con las actividades cotidianas del individuo, que en ocasiones puede poner en riesgo su vida a causa de las complicaciones que conlleva.

Millones de personas padecen sinusitis; sin embargo, no todas saben que la tienen, ya que a menudo puede ser una enfermedad "dormida", es decir, latente. Se puede desarrollar tanto en niños como en adultos.

Existe a nuestro alcance una manera segura de prevenir la sinusitis crónica. Hemos logrado grandes adelantos en la comprensión y el tratamiento efectivo de la enfermedad; los médicos ahora somos capaces de diagnosticarla en etapas mucho más tempranas y hay tratamientos que ayudan a mejorar la calidad de vida de la gente con ese problema.

En estas páginas el lector encontrará la información que necesita, la cual está basada en la experiencia del Sinus Surgery and Image Guided Resource Center, adjunto al American British Cowdray Hospital (de la Ciudad de México).

Después de leer este libro, el lector seguramente comprenderá mejor esta compleja enfermedad y los últimos avances en su investigación.

SINUS SURGERY AND IMAGE GUIDED RESOURCE CENTER

El Sinus Surgery and Image Guided Resource Center evolucionó de la práctica médica cotidiana a atender y tratar pacientes con enfermedades de nariz y senos paranasales. Este Centro fue fundado por el doctor Carlos Yáñez a finales de 1989, en la Ciudad de México. Él es pionero de la práctica de cirugía endoscópica de senos paranasales en México y Latinoamérica, actualmente con reconocido prestigio mundial y numerosas publicaciones científicas en el campo de la sinusitis crónica.

El Sinus Surgery Center está dedicado a proporcionar diagnóstico integral, respuestas precisas y tratamientos eficaces para problemas graves de nariz y senos paranasales.

Con la profundidad de sus conocimientos médicos, su experiencia y pericia, el Sinus Surgery Center ocupa una posición única como recurso de información para la salud de numerosos pacientes. Desde 1989 ha publicado información confiable para la salud de miles de personas a través de panfletos, boletines, revistas, libros y servicios en línea así como ganadores de premios científicos. Los ingresos de nuestras publicaciones apoyan a los programas del Sinus Surgery Center, incluyendo la educación de otros profesionales médicos y la investigación médica en el campo de la sinusitis crónica.

I

Impacto global
de la sinusitis

La sinusitis como problema de salud mundial

IMPACTO SOCIOECONÓMICO

Se podría pensar que con todos los avances de la medicina moderna que se han registrado en los últimos 50 años, la sinusitis tendría que ser una enfermedad que se curara fácilmente, como un simple resfriado; sin embargo, los problemas actuales que encontramos en pacientes que sufren sinusitis pueden llegar a ser tan graves que es posible que pongan en riesgo su salud e incluso su vida.

Hemos comenzado un nuevo siglo con millones de personas enfermas de sinusitis en el mundo que requieren tratamientos específicos y avanzados para su enfermedad sinusal. Estos hombres, mujeres y niños no solamente experimentan sinusitis como una enfermedad primaria sino que muchos de ellos también desarrollan complicaciones secundarias a ésta, como agudización de su asma bronquial y enfermedades pulmonares asociadas, o complicaciones intracerebrales o intraoculares por complicaciones de la sinusitis.

Entonces, vienen las preguntas obligadas: ¿Qué sucede con esta enfermedad? ¿Por qué se vuelve tan resistente? ¿Qué debemos hacer para prevenirla? Aparte de lo anterior, se debe reconocer que la sinusitis no provoca solamente dolores de cabeza, descarga de moco nasal o bloqueo de la respiración por la nariz, sino que afecta severamente la calidad de vida del enfermo. Independientemente del síntoma mayor que éste tenga, ya sea dolor, congestión, rinorrea o fatiga, todos los pacientes en conjunto guardan una relación en común: reducción en la calidad de vida.

Estos síntomas o elementos que interfieren en el buen vivir, día con día evitan que el paciente duerma tranquilamente o que disfrute su tiempo libre o su trabajo durante el día, ya que con la sinusitis esto es casi imposible.

Estas son claramente malas noticias para los pacientes, pero por fortuna existe muy buena información acerca del tratamiento de la sinusitis, tantas o suficientes como para enriquecer los capítulos de este libro. Espero que estos conceptos resulten útiles para cada uno de los lectores y les permitan tomar el control de la sinusitis crónica.

Lo que hace único a este libro es que busca motivar al paciente para que mejore su salud nasal e intente evitar la cirugía o las complicaciones de la sinusitis. Aquí presentamos una nueva forma de tratar este padecimiento, en la que un adecuado diagnóstico lo es todo antes de decidir el tipo de tratamiento que habrá de seguir el enfermo.

Existen libros que recomiendan la utilización de diversas combinaciones de vitaminas o hierbas como tratamientos holísticos que aseguran curarán la sinusitis. Este texto también incluye una sección de terapias holísticas en donde se mencionan vegetales o remedios caseros para disminuir los síntomas de la sinusitis, pero es muy difícil probar desde el punto de vista científico que estos tratamientos curarán la sinusitis definitivamente, y de hecho sólo se recomiendan aquí como métodos paliativos o recursos que ayudarán al paciente a sentirse mejor y que están libres de algún efecto tóxico.

PROGRAMAS DE SALUD PARA DETECTAR LA SINUSITIS

Resulta muy importante saber que el paciente no está solo en la experiencia de sus problemas sinusales. La sinusitis es uno de los padecimientos que se diagnostican más comúnmente en Estados Unidos y en México, y que se catalogan como una enfermad crónica; además, es más frecuente que la enfermedad cardiaca y que las migrañas.

Se calcula que cerca de un tercio de la población mundial sufre sinusitis. En Estados Unidos, según el CDC (Control of Disease Center), en la actualidad más de 36 millones de estadounidenses adultos padecen sinusitis. Esto representa 17.4 % de la población de ese país. El análisis de las visitas de pacientes a lugares de salud ambulatoria (consultorios médicos, instituciones de medicina preventiva y departamentos de emergencias en hospitales) indica que en EUA 15 millones de personas tuvieron un diagnóstico de sinusitis en el año 2007.

La incidencia y prevalencia absolutas de la rinosinusitis se desconocen en la mayor parte de los países del mundo y aún esperamos datos numéricos confiables a nivel global sobre la epidemiología de esta enfermedad. En México no existen cifras exactas acerca de este padecimiento, pero si se extrapolan los datos obtenidos en Estados Unidos muy probablemente encontraremos un número similar e igualmente impresionante.

Así, veremos que en 2004 los habitantes de la Unión Americana necesitaron 800 000 visitas al departamento de urgencias para tratar algún episodio de sinusitis. Estos síntomas propiciaron que los estadounidenses perdieran cerca de 25 millones de días de trabajo durante ese año (fig. 1.1).

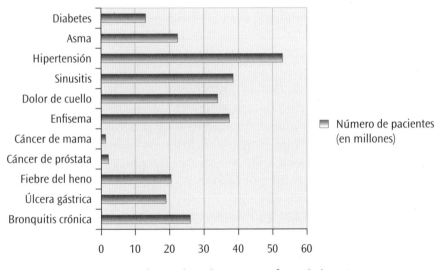

Figura 1.1. Número de estadounidenses con enfermedades crónicas. (**Fuente:** Center of Disease Control, Summary Health Statistics for US Adults: National Health Interview Survey, 2008.) **Nota: Las gráficas e imágenes se repiten en la "Sección en color" (págs. 145-160), para una mejor apreciación.**

En comparación con los hombres, las mujeres son más propensas a padecer sinusitis. Cuando se analizan los resultados de incidencia según la raza del paciente, es notorio que la enfermedad prevalece menos en asiáticos y que es mucho más frecuente en individuos de raza negra, adultos caucásicos e hispanos. El porcentaje de adultos con sinusitis es mayor en los estados del sur que en ninguna otra región de Estados Unidos.

¿QUÉ ES LA SINUSITIS?

La sinusitis es una enfermedad común que causa visitas repetidas a los médicos, gastos enormes en medicamentos y pérdida de muchos días de trabajo. Se calcula que un país gasta más de dos billones de dólares anualmente en fabricar medicamentos generales para curar las enfermedades nasales y sinusales, y esto generaría cerca de 200 millones de dólares en las prescripciones de tales fármacos.

Simplemente en Estados Unidos más de 460 000 personas van día con día a recibir cirugía endoscópica o cirugía de senos paranasales, lo que la convierte en la operación que se realiza más comúnmente dentro de todos los procedimientos en aquel país. La sinusitis es un serio problema de salud; sin embargo, mantiene siempre un perfil bajo en cuanto a la sintomatología y lo común es que el paciente se perciba o se vea perfectamente sano.

Generalmente, la sinusitis es una enfermedad silenciosa y muestra pequeños síntomas tales como escurrimiento nasal crónico, descarga de moco de la nariz a la garganta, cierta obstrucción de las fosas nasales o algún dolor de cabeza más o menos recurrente, síntomas que se hacen tan crónicos que llegamos a hacerlos parte de nuestra vida y nos parece que es normal sentirnos así; por tal motivo, el paciente pasa por alto la enfermedad negligentemente.

Lo que resulta peor es que el enfermo comúnmente se automedica con múltiples antibióticos, remedios caseros, etc., y con esto la enfermedad por lo regular disminuye de intensidad "mejorando los síntomas", y el paciente cree que está listo para seguir adelante con su vida cotidiana. Lejos de suceder que la enfermedad se cure, ésta progresa y empeora, lo que conlleva con mayor seguridad a una sinusitis crónica recalcitrante.

DIAGNÓSTICO Y TRATAMIENTO

En un poco más de 25 % de los casos la sinusitis se diagnostica incorrectamente, lo que conduce a un tratamiento equivocado con antibióticos, factor que también ayudará a perpetuar la enfermedad.

Durante muchos años la rinitis y la sinusitis se habían considerado como dos entidades diferentes, la rinitis se concebía como una enfermedad de la nariz y la sinusitis como un padecimiento de las cavidades sinusales; sin embargo, desde hace mucho tiempo los médicos hemos comprendido que las membranas mucosas que tapizan el interior de la nariz y los senos paranasales constituyen un todo, por lo que estos dos procesos se han conjuntado y en la actualidad se denomina *rinosinusitis* a la enfermedad general de la nariz.

Por lo anterior, de hoy en adelante debemos estar conscientes de que el término rinosinusitis es más apropiado para describir la enfermedad sinusal. Desde 1996, la Academia Americana de Otorrinolaringología y Cirugía de Cabeza y Cuello ha establecido un criterio específico para describir los subtipos de la enfermedad sinusítica (los cuales en la actualidad han sido aceptados completamente por investigadores, médicos y otros profesionales de la salud).

A pesar de todo esto, la sinusitis es raramente letal, así que puede pasar inadvertida ante otras enfermedades que llaman más la atención y que son "más exitosas", sobre todo en los encabezados de los periódicos o de los noticiarios. La sinusitis es tan poco familiar para el público en general, que cuando alguien habla de sus síntomas frente a otros corre el riesgo de ser etiquetado como exagerado o simulador.

Cuando los pacientes describen su enfermedad y sus síntomas respecto de la sinusitis, comúnmente me dicen: "...nadie entiende lo mal que me siento ni comprende mis molestias".

La sinusitis es la inflamación de las cavidades que se encuentran dentro de los huesos de nuestra cara alrededor de la nariz, por encima de los ojos (senos frontales), detrás de la apertura anterior de la nariz (senos esfenoidales) o en ambos lados de la parte de arriba de la nariz (etmoides o senos etmoidales), y debajo de los ojos en el área de los pómulos (senos maxilares). Cada una de estas cavidades produce moco, el cual drena a través de pequeños orificios u ostiums hacia el interior de la cavidad nasal misma. Si estos pequeños orificios se tapan por inflamación, infección o deformidad, el moco se estanca y origina una infección en estas cavidades, lo que podría causar dolor al paciente (fig. 1.2).

En condiciones normales, la cantidad de moco que produce cada una de estas cavidades drena adecuadamente a través de estos pequeños orificios u ostiums y es transportado mediante cilios, pequeñas vellosidades de las células que movilizan rítmicamente las secreciones en una dirección genéticamente predispuesta como mecanismo de autolimpieza del epitelio respiratorio.

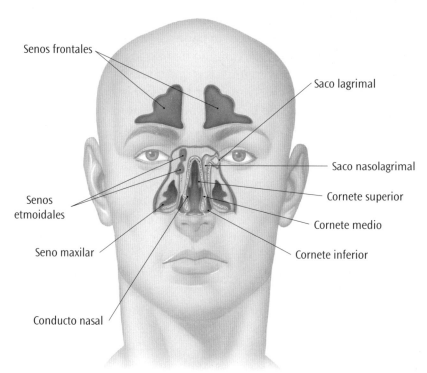

Senos frontales

Saco lagrimal

Saco nasolagrimal

Cornete superior

Senos etmoidales

Cornete medio

Seno maxilar

Cornete inferior

Conducto nasal

Figura 1.2. Senos paranasales y estructuras relacionadas.

El movimiento constante del moco evita que las secreciones se estanquen y que las bacterias oportunistas invadan al existir estasis de moco sobre esas células. La capa de moco, a su vez, ayuda a filtrar el aire que respiramos y humidifica las cavidades de la nariz y los senos paranasales, y finalmente ayuda a destruir las bacterias que se han atrapado ahí, debido a sus características de acidez y a las enzimas que las células vierten hacia el torrente de moco.

Cuando estas condiciones no son normales se produce la sinusitis. Esto generalmente ocurre cuando los cilios se detienen o disminuyen su movilidad paralizando el transporte del moco. Es entonces cuando la sinusitis se forma por un bloqueo anatómico que impide la movilidad de estos cilios y el estancamiento de moco se infecta. La rinosinusitis bacteriana generalmente está precedida por un catarro común (ya sea viral o bacteriano), por un ataque de alergia (rinosinusitis alérgica) o por irritación debida a contaminación ambiental.

ASMA Y SINUSITIS

Debido a la cercana proximidad de los senos paranasales con las estructuras del cráneo y del sistema nervioso central, si la sinusitis se deja sin tratamiento puede traer serias consecuencias y complicaciones. Muchas personas que tienen su sistema inmunológico normal se recuperan fácilmente de un episodio de rinosinusitis; sin embargo, en algunas otras (por ejemplo, los pacientes asmáticos, quienes padecen fibrosis quísticas o los que tienen afectado su sistema inmunológico, como aquellos que sufren VIH/sida) esa infección puede perpetuarse, y no sólo eso, sino convertirse en un serio problema recalcitrante o crónico.

Aproximadamente 50% de todos los pacientes asmáticos, en algún momento de su vida, sufren sinusitis crónica y ésta genera eventualmente un recrudecimiento de su estado asmático. Si usted sufre asma y padece algún signo o síntoma de sinusitis, hable con su médico para estar seguro de que no existen otros problemas que puedan agravar su enfermedad pulmonar. Recuerde que la sinusitis es un padecimiento serio y se debe tratar como tal y no a la ligera.

En los capítulos siguientes hablaremos de lo que sucede cuando una persona padece rinosinusitis. Examinaremos también las causas, los síntomas, el diagnóstico y el tratamiento de la sinusitis mediante medicamentos, cirugía, o bien, simplemente cambios en las costumbres o el estado de vida de cada paciente para prevenirla.

Al final del libro analizaremos algunos de los últimos tratamientos e innovaciones que pronto estarán al alcance de los pacientes para el tratamiento de su enfermedad. Realmente la rinosinusitis no es un problema nuevo, la gente ha sufrido este padecimiento a lo largo de muchos años; sin embargo, es en estos últimos en los cuales se ha convertido aparentemente en una enfermedad más común, puesto que el diagnóstico se ha afinado y se hace con mayor precisión.

Afortunadamente, hoy un diagnóstico temprano, certero y a conciencia de esta enfermedad, permite que sea tratable y en la mayoría de los casos curable sin llegar a causar complicaciones importantes en el paciente; por el contrario, si se deja sin atender puede traer consecuencias o complicaciones serias para la vida de éste.

En los últimos años se han desarrollado dos métodos muy importantes para diagnosticar adecuadamente la enfermedad sinusal. Primero que nada tenemos los endoscopios (telescopios muy delgados con ópticas de alta resolución), que el médico utiliza para visualizar e inspeccionar detalladamente la nariz y los senos paranasales (canales o pasajes de drenaje de cada una de estas cavidades). En segundo lugar se cuenta con los estudios de imagen, como la tomografía computarizada y la resonancia magnética, instrumentos que han ayudado enormemente a obtener un alto conocimiento detallado de la anatomía del interior de los senos paranasales y del problema.

El tratamiento médico para la sinusitis también ha mejorado de manera notable en los últimos años. En la actualidad, existen mayores opciones para tratar de forma segura y fácil a los pacientes y obtener buenos resultados.

Una gran variedad de medicamentos tales como antibióticos, antifúngicos (antibióticos contra hongos) y de otro tipo se pueden administrar por vía oral o ser instalados directamente en el interior de la nariz con la finalidad de inundar las cavidades de los senos paranasales y eliminar cualquier resquicio de la enfermedad que se presente.

Ahora hay nuevos y más poderosos medicamentos que están al alcance del tratamiento médico, así que tenga usted la seguridad de que, cuando sufra una sinusitis, su médico sabrá elegir los productos adecuados dentro del abundante acervo antibiótico disponible.

Algunos pacientes que sufren enfermedad sinusal no responden a ciertos medicamentos, por muy buenos que éstos sean o que se hayan escogido para tal efecto. Los pólipos nasosinusales y la sinusitis crónica que no responden apropiadamente a la medicación son causas comunes por las cuales los pacientes se someten a cirugía sinusal. La mayoría de las operaciones quirúrgicas sinusales se pueden realizar en la actualidad por vía endoscópica.

La cirugía endoscópica sinusal es un procedimiento moderno y mínimamente invasivo que permite prescindir de las incisiones externas. Su desarrollo en los últimos años ha ayudado a revolucionar el manejo de la enfermedad sinusal.

AVANCES TECNOLÓGICOS COADYUVANTES

Por medio de microcámaras especiales de video e instrumentos muy pequeños y motorizados, como el microdebridador, la cirugía endoscópica sinusal permite que el cirujano incida con precisión en las áreas nasosinusales infectadas sin siquiera tocar las partes de tejido sano. A través de esta tecnología de microcámaras se puede tener una visión endoscópica inigualable de las estructuras anatómicas, lo cual reduce al mínimo el trauma innecesario y asegura un tratamiento más completo.

Las nuevas tecnologías que aparecieron en la década de 1980, y que últimamente se han refinado, permiten a los cirujanos intervenir directamente en los senos paranasales y eliminar con extrema precisión la enfermedad que se encuentra dentro de ellos, sin afectar en absoluto los tejidos adyacentes. Para lograr esto, utilizamos endoscopios a los cuales se pueden acoplar instrumentos de rayos láser o pequeños debridadores que ayudan a resecar milimétricamente la enfermedad.

En la actualidad, los sistemas de navegación guiada por imágenes de computadora son métodos comunes en las salas de operaciones. Estos mecanismos utilizan el mismo principio que los sistemas de posicionamiento global satelital de los aviones de combate, lo que permite a cualquier cirujano seguir de forma precisa y localizar los instrumentos quirúrgicos que se encuentran "navegando" dentro de los senos paranasales en un plano tridimensional, visualizando el procedimiento a través del monitor de la computadora.

Desde 1995 nuestro Centro de Cirugía Nasosinusal utiliza esta tecnología, la cual nos brinda el apoyo con imágenes a partir de un sistema óptico que requiere diodos emisores de luz infrarroja montados en los instrumentos que son rastreados por cámaras enlazadas por un sistema de cómputo.

Esta tecnología nos permite manejar los instrumentos con una precisión de menos de 0.2 mm de exactitud en tiempo real durante la operación. Debido a que los senos paranasales se encuentran en un área muy bien delimitada y cerrada entre los ojos y debajo de la base del cráneo, la tecnología de referencia es útil no sólo para evitar complicaciones durante la cirugía nasal sino también para permitir que ésta sea más completa, lo cual da por resultado una mejoría significativa en el índice general de curaciones del paciente. Además, eso ha hecho que los cirujanos sinusales y de la base del cráneo penetren en territorios antes inexplorados, para poder curar lesiones orbitarias y del lóbulo frontal o de la base del cráneo, usando una ruta a través de la nariz en lugar del muy complicado método abierto, tradicional, también llamado externo.

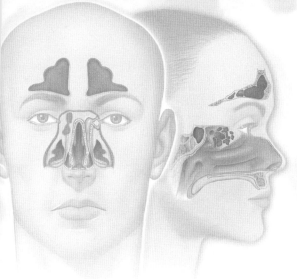

Cómo funciona la nariz

¿QUÉ SON LOS SENOS PARANASALES?

Anatomía básica

Los senos paranasales son literalmente cavidades o agujeros que se encuentran esparcidos dentro de los huesos del cráneo, como se explicó en el capítulo anterior. Estos espacios rellenos de aire se localizan entre la nariz, los ojos y el cráneo. Los senos paranasales existen de forma simétrica y en pares (fig. 2.1).

Si uno concibe o se imagina el centro de nuestra cara de forma cuadrada, los senos frontales están localizados por encima de las dos esquinas superiores de este cuadrado, justamente sobre los ojos, en el área de la frente.

Los senos maxilares se localizan por debajo de las esquinas inferiores, muy cerca de la región central de la nariz, y se extienden por debajo del área de los pómulos y por encima de la arcada dentaria superior.

Los senos etmoidales son cavidades que recorren un área a lo largo del interior de la nariz, entre los dos ojos y el seno esfenoidal; constituyen una gran cavidad que se localiza por dentro y hacia atrás de la nariz, a un poco más de 7 cm de la profundidad de la base del cráneo.

Los senos paranasales se forman como extensiones de la cavidad nasal; su tamaño y extensión de crecimiento dentro de su desarrollo puede

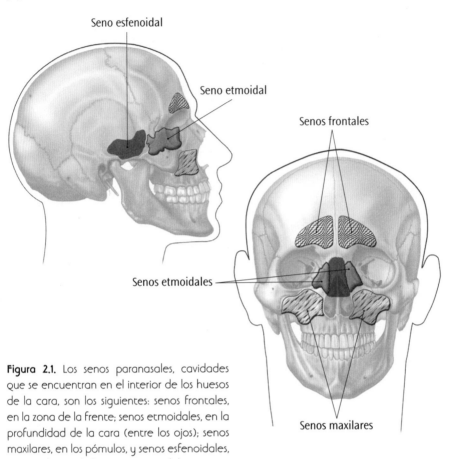

Figura 2.1. Los senos paranasales, cavidades que se encuentran en el interior de los huesos de la cara, son los siguientes: senos frontales, en la zona de la frente; senos etmoidales, en la profundidad de la cara (entre los ojos); senos maxilares, en los pómulos, y senos esfenoidales, detrás de los senos etmoidales.

variar enormemente de un individuo a otro. En algunos pacientes pueden no estar bien desarrolladas estas cavidades y en otros pueden estar muy desarrolladas o extensamente neumatizadas.

Se calcula que 15 % de la población no tiene bien desarrollados los senos paranasales cuando alcanza la vida adulta.

La ausencia de las cavidades de los senos paranasales afortunadamente no conlleva ninguna enfermedad y se considera como una variante normal de su desarrollo y crecimiento.

El resto de la nariz está formado generalmente de cartílagos (tejido elástico un poco endurecido) y hueso. La punta de la nariz (aquella parte que se puede mover con la punta de los dedos) está formada por cartílago; el techo de la nariz (lugar en donde hacemos descansar los anteojos) está constituido por hueso y pertenece a los huesos propios externos de la nariz. Es necesario recordar que de esta forma la nariz se divide en dos partes casi iguales separadas por el septum o tabique (fig. 2.2).

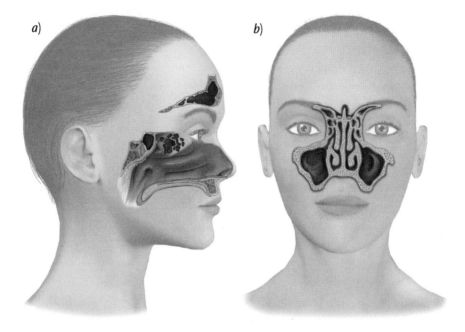

Figura 2.2. Cortes esquemáticos de los senos: *a)* estructuras de la pared lateral de la nariz, en relación con los senos frontal y esfenoidal; los cornetes superior, medio e inferior son protrusiones de esta pared lateral formadas por hueso y mucosa ("tapiz" que recubre todo su interior); *b)* estructura del septum nasal, que divide la nariz y los cornetes en dos lados, cada uno de los cuales se proyecta en la pared lateral de la nariz.

FUNCIONES DE LA NARIZ

Las funciones que lleva a cabo la nariz consisten en calentar, humidificar y filtrar el aire que respiramos. Este es el sistema que protege a las vías respiratorias superiores e inferiores.

Calentamiento

El calentamiento del aire que respiramos se lleva a cabo por efecto de la congestión de los cornetes, los cuales son estructuras que están proyectadas en las partes laterales del interior de la nariz. Éstos funcionan como un sistema de radiador, ya que están formados por tejido eréctil que se congestiona cuando aumenta el flujo de sangre en su interior. Cada cornete está recubierto de un epitelio respiratorio vital que moviliza el moco y atrapa las partículas y bacterias que respiramos. Es interesante saber que, aproximadamente cada 6 horas, el flujo de sangre aumenta en un lado de la nariz y disminuye del otro; de tal forma que los cornetes de un lado se congestionan y del otro se descongestionan. A esto se le llama *ciclo nasal* y así funciona normalmente la nariz.

Humidificación

La humidificación se lleva a cabo a través de la incorporación de pequeñas gotas de agua y moco que constantemente se secretan o producen en la superficie del epitelio respiratorio. Existen glándulas secretoras de moco incluidas dentro del epitelio respiratorio y hay también glándulas que producen secreciones no tan espesas y más ricas en agua que propician la humedad de la superficie respiratoria. Para tener una idea de qué tanta humedad proporciona la nariz al aire que respiramos, basta sostener un espejo frente a nuestra nariz y respirar suavemente, así podremos observar la cantidad de humedad que sale como vapor de agua.

Filtración

Nuestro epitelio respiratorio también filtra el aire que respiramos. La capa de moco que se produce, y que recubre los cilios de dichas células, forma una antefase en donde los residuos tales como partículas de polvo, polen, sustancias contaminantes y bacterias o virus quedan atrapados, de esta forma se evita que tales partículas migren hacia los pulmones, y el movimiento debatido del moco a través de las células ciliadas moviliza estas partículas hacia el exterior de las vías respiratorias.

EL COMPLEJO OSTIUM-MEATAL

Dentro de la complicada anatomía de los senos paranasales está el complejo ostium-meatal, un lugar importante de drenaje de los senos paranasales que consiste en un canal o pasaje sumamente delgado constituido por la unión de varias estructuras anatómicas del interior de la nariz, y que es un punto común de entrada y salida de la mayoría de los senos paranasales. Quizá pueda compararse con un cuello de botella por donde drenan las secreciones que se forman en esta cavidad y por el que debe estar circulando normalmente el aire sin tener ninguna obstrucción.

La palabra "ostium-meatal" se refiere a ostium, que significa agujero u orificio, y meatal, que se refiere al meato medio; es el área a lo largo de la cual se localizan los senos paranasales, entre el cornete medio y la pared lateral de la nariz (fig. 2.3).

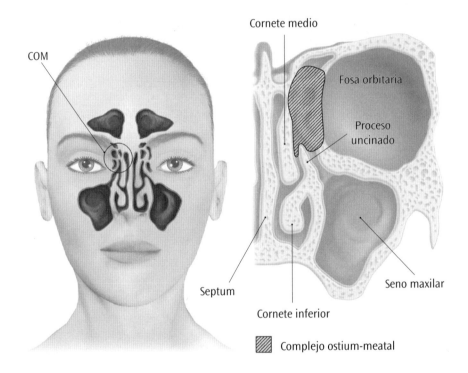

Figura 2.3. El complejo ostium-meatal (COM) es un área común de drenaje para los senos frontal, etmoidal y maxilar.

Cuando el complejo ostium-meatal se obstruye por enfermedad o por deformidad produce estancamiento de las secreciones de los senos paranasales o cavidades dependientes de este lugar; se obstruye el drenaje del seno frontal, del maxilar y del etmoides, que comparten esa área para drenaje de sus secreciones.

Una vez conocido esto, es lógico deducir que todos los esfuerzos para tratar y curar la sinusitis van encaminados a la permeabilización del complejo ostium-meatal, ya sea con medicamentos o cirugía.

CÉLULAS CILIADAS Y MOCO

Los movimientos ciliares

El interior de la nariz está recubierto por un "tapiz", llamado *epitelio*, que posee diferentes texturas. Justamente en la entrada, en el área denominada vestíbulo, encontramos un tapiz de piel (epitelio escamoso queratinizado) que unos milímetros más adentro de la cavidad nasal se une con otro tapiz que es el epitelio respiratorio.

Si inspeccionamos microscópicamente a este último, veremos que está formado por minúsculos cilios o "cabellitos" que se deslizan en conjunto de forma sincrónica para mover las partículas y el moco que lo recubre (fig. 2.4).

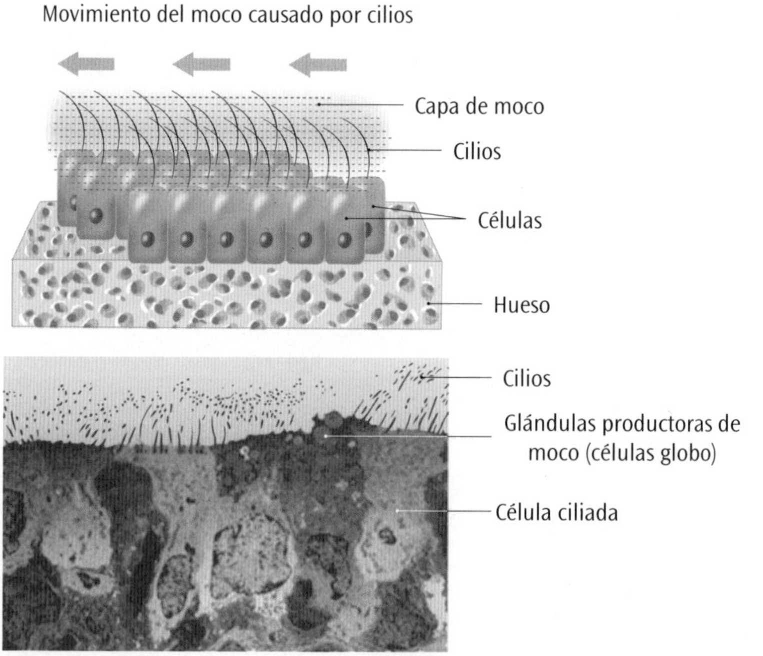

Movimiento del moco causado por cilios

- Capa de moco
- Cilios
- Células
- Hueso

- Cilios
- Glándulas productoras de moco (células globo)
- Célula ciliada

Figura 2.4. Movimiento mucociliar. La capa de moco es movilizada pasivamente por las células ciliadas del epitelio respiratorio.

Los cilios realizan movimientos periódicos cuya frecuencia es de 8 a 12 por segundo. Cada ciclo de movimientos se compone de una fase activa que supone de $1/6$ a $1/3$ del cilio y una fase de vuelta a la posición primitiva a través de un movimiento pasivo. Durante la fase activa del movimiento, el cilio rígido, ligeramente encorvado hacia delante, se inclina hacia el cuerpo celular y propulsa la capa de moco con un movimiento rápido.

En la fase de retorno a la posición primitiva, el cilio se muestra más ágil y su extremidad se encorva y vuelve a su posición primaria sin frenar el desplazamiento del moco.

La energía para realizar este movimiento está proporcionada por la hidrólisis de una molécula de alto poder energético, el adenosín trifosfato (ATP), que se convierte en adenosín difosfato (ADP). Esta hidrólisis es realizada por la enzima ATPasa, que existe en los cilios y proporciona la liberación de energía química. La hidrólisis del ATP genera cambios estructurales en las proteínas tubulares haciendo que se produzca un deslizamiento de pares de tubos, unos en relación con otros. Este deslizamiento es el origen del batido ciliar.

Una de las características del movimiento ciliar es su automaticidad, probada mediante cultivos in vitro; el batido ciliar persiste durante unas cuantas horas en una mucosa nasal colocada en un medio de cultivo adecuado. Esta automaticidad necesita un buen aporte de oxígeno, aunque el batido ciliar persiste hasta 30 minutos en anaerobiosis. El aporte de oxígeno necesario para la célula ciliada (cc) es proporcionado por la sangre y por el aire que circula a través de las fosas nasales.

Las microvellosidades de la superficie celular aumentan considerablemente la superficie de intercambio entre la cc y el medio, y facilitan la absorción por la cc del oxígeno disuelto en la cubierta mucosa. El batido ciliar se realiza de una forma coordinada, siempre en un plano perpendicular a la superficie del epitelio y en una dirección determinada.

Los cilios están dispuestos en filas ordenadas y funcionalmente sucesivas, denominadas cinetias. Los cilios de una cinetia comienzan su movimiento un poco por delante de los de la cinetia que le sigue y un poco antes de los de la cinetia que le precede.

El ritmo asincrónico del batido ciliar se denomina metacrónico. Este fenómeno muestra al observador una imagen de ondas que se ha comparado frecuentemente con el aspecto de un campo de trigo ondulado por el viento.

El mecanismo exacto de esta coordinación intercelular no se conoce, pero no se trata de una regulación nerviosa. La hipótesis más probable es que la coordinación entre cilios se deba a la existencia de algún tipo de comunicación horizontal entre raíces celulares que comunican los corpúsculos basales. Los movimientos ciliares tienen como misión producir el desplazamiento de la cubierta de moco.

El moco está formado por una doble capa: una superficial, viscosa, destinada a captar las partículas inhaladas, y otra más profunda, que fluye continuamente permitiendo que el movimiento ciliar se realice sin freno mecánico. El batido ciliar va desplazando la cubierta superficial de moco, que es como un tapiz móvil sobre el que se depositan las partículas que van con el aire. Las propiedades del transporte mucociliar se han estudiado ampliamente.

La velocidad media de transporte es de 5 mm/minuto, con variaciones individuales importantes de entre 0.5 y 23 mm. La dirección del transporte tiene una polaridad diferente según la zona. En la región yuxtaturbinal, que es la zona de elección para la proyección de las partículas inhaladas, el desplazamiento es hacia adelante. Al sonarse la nariz para su aseo, este mecanismo permite eliminar gran número de partículas inhaladas e impide que éstas sean absorbidas por el organismo.

En la región de la cabeza del cornete inferior, el desplazamiento del moco es hacia abajo, después hacia atrás, hacia la cola de los cornetes, dirigiendo las partículas hacia el cavum. En la faringe cae para ser deglutido inconscientemente. El trabajo de los cilios permite desplazar partículas bastante grandes.

Factores condicionantes del movimiento ciliar

El estudio de los factores que pueden modificar la actividad ciliar se ha realizado a través de dos métodos: *a*) directos, que recurren a la fase de oscilografía, que permite medir la frecuencia del batido de los cilios in vitro en fragmentos de mucosa nasal mantenidos en una cámara termorregulada, y *b*) indirectos, basados en la medida de la velocidad de desplazamiento del tapiz mucoso siguiendo la progresión en éste de un trazador radiactivo.

Temperatura de la nariz

La temperatura es un factor importante. Está comprobado que la frecuencia del batido ciliar disminuye por debajo de 18 °C y que se paraliza a 10 °C. Por el contrario, aumenta por encima de 23 °C para alcanzar su máximo entre 36 y 40 °C. Las temperaturas más elevadas reducen la viabilidad de los cilios e inducen alteraciones del epitelio nasal.

Acondicionamiento del aire

El acondicionamiento del aire es indispensable para el buen funcionamiento de la actividad ciliar. Si la evaporación del moco no se compensa con las secreciones serosas, la trasudación y la condensación del aire inspirado hace que se detenga la actividad ciliar y a la larga el epitelio se transforme en epitelio no ciliado. Este fenómeno se produce en el área del tercio anterior de las fosas nasales o también en los cinco primeros centímetros de la apertura traqueal en un traqueostoma.

Los estudios in vitro muestran que una exposición durante 72 horas a un aire desecado afecta poco al transporte mucociliar; por el contrario, tales estudios muestran también que la actividad ciliar es muy sensible a la acción del aire seco.

Los cambios en la viscosidad del moco pueden influir en el transporte mucociliar. Una hiperfluidez del moco, como ocurre en una rinitis catarral aguda, entorpece el transporte mucoso y disminuye su eficacia. Si el moco se torna demasiado viscoso, el freno mecánico es tal que disminuye la actividad ciliar.

Los gases inhalados también pueden modificar la actividad ciliar. Esto ocurre, por ejemplo, con un agente contaminante muy común, el anhídrido sulfuroso, que disminuye considerablemente el transporte mucociliar a nivel de la zona de inhalación. Este efecto es protector para las vías respiratorias situadas más abajo. La inhalación de formol, cloro, altas concentraciones de oxígeno o gas carbónico puede afectar también al transporte mucociliar.

El humo del tabaco y la contaminación atmosférica tienen una clara acción cilioestática. Entre los agentes contaminantes que se consideran ciliotóxicos, además de los ya mencionados, están: hidrocarburos, dióxido de azufre, ozono, cromo, níquel, cobre y otros ácidos volátiles, así como el anhídrido sulfúrico y el formaldehído.

Las infecciones víricas de la mucosa nasal constituyen otra de las causas que frecuentemente producen alteraciones en el funcionamiento ciliar. La ralentización del transporte mucociliar comienza algunas horas antes de los primeros síntomas de la enfermedad y continúa durante días después de la infección.

Hay numerosas sustancias que pueden provocar que el movimiento ciliar sea más lento cuando se aplican localmente sobre la mucosa. Esto ocurre con la mayoría de los fármacos vasoconstrictores y descongestivos locales. La adrenalina y la cocaína paralizan completamente la actividad ciliar. Lo anterior explica el peligro que conlleva el abuso de los descongestivos nasales, antihistamínicos y codeína, los cuales también dificultan el movimiento ciliar.

Existen enfermedades de trasmisión genética que conllevan la ausencia del movimiento ciliar. Las alteraciones más significativas de este tipo son el síndrome de Kartagener y la ausencia de la enzima intraciliar ATPasa.

¿PARA QUÉ SIRVEN LOS SENOS PARANASALES?

Hipótesis diversas

El propósito exacto de la existencia de los senos paranasales aún no se conoce. Se han propuesto gran variedad de hipótesis, dentro de las cuales encontramos las siguientes:

- Actúan como "acondicionadores" del aire que respiramos, filtran y humidifican el aire que entra por la nariz.
- Aligeran el peso del cráneo, pues son cavidades que están colocadas dentro de los huesos de la cara y del cráneo.
- Funcionan como "amortiguadores" cuando el cráneo recibe golpes intensos. Esta energía derivada del golpe se reduce importantemente; de otra forma, la fuerza del golpe se trasmitiría directamente a las estructuras cerebrales.
- Son cavidades de resonancia (eco transformado en una frecuencia específica) que pueden cambiar las características de la voz.

Alivian la presión

Los senos paranasales ayudan a aliviar la presión. Estas cavidades actúan como una válvula de seguridad o algo parecido cuando experimentamos cambios notables en la presión barométrica que afectan nuestra cavidad nasal, por ejemplo, cuando estornudamos fuertemente o nos sonamos la nariz. Sin estas cavidades no seríamos capaces de ecualizar correctamente las presiones externas y entonces el sonarnos o el estornudar podría ser doloroso o incluso llegar a romper las arterias y venas de la mucosa nasal y causar sangrados nasales.

Coadyuvan en el crecimiento facial

Los senos paranasales influyen en el crecimiento facial eficiente. Estas cavidades desempeñan una función muy importante en el desarrollo de los huesos de la cara desde el nacimiento hasta la adolescencia; deben crecer o ensancharse en una proporción adecuada en relación con el resto de los huesos del cráneo, con esto nuestro organismo gasta menos energía haciendo crecer estas cavidades huecas en vez de hacer crecer huesos sólidos en el esqueleto de la cara. Este equipo de desarrollo de los senos paranasales permite un crecimiento más rápido y eficiente de la cara.

II

Para comprender la sinusitis

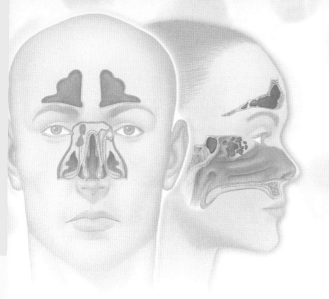

Etiología de la sinusitis (causas)

CONCEPTO Y DEFINICIÓN

La sinusitis, también llamada rinosinusitis, se define como la inflamación de la nariz y de los senos paranasales, y puede ser ocasionada por diferentes factores, los cuales es indispensable identificar con el fin de dar un tratamiento adecuado y no solamente atacar la sintomatología.

La infección sinusal ocurre cuando los pasajes nasales y sinusales se inflaman. No siempre se debe tratar con antibióticos, a menos que la causa sea bacteriana. Típicamente, una sinusitis aguda bacteriana puede durar hasta cuatro semanas, y cuando es subaguda su duración se puede prolongar de 4 a 12 semanas y el paciente la puede sufrir hasta cuatro veces por año.

La sinusitis de origen viral es causada por un virus, por lo general dura menos de cuatro semanas y en teoría puede ocurrir hasta en tres ocasiones en un año. La sinusitis viral aparece después de alguna infección respiratoria aguda (catarro común). La sinusitis crónica típicamente dura más de cuatro semanas y puede producir pólipos.

Enseguida se presentan las principales causas de sinusitis:

- Anomalías ciliares en el transporte de moco (congénitas).
- Alteraciones inmunológicas.
- Biofilms.

- Superantígenos.
- Infecciones primarias producidas por bacterias, hongos o virus.
- Infecciones secundarias del hueso que rodea a los senos parana-
  sales, como la osteítis.
- Variaciones anatómicas que predisponen a la infección.
- Factores ambientales, como agentes químicos irritantes.

Cada una de estas alteraciones puede ser la causa del desarrollo de una sinusitis, en forma única o combinada, lo cual es frecuente, y de acuerdo con esto se emplean diferentes tipos de terapia, obteniendo un pronóstico distinto para cada uno de los casos.

A continuación describiremos con detalle cada uno de los factores etiológicos de la sinusitis.

ANOMALÍAS CILIARES

Los cilios son organelos de las células epiteliales respiratorias, los cuales tienen como función propulsar las secreciones que están en contacto directo con la mucosa dentro de las vías aéreas superior e inferior, así como desplazar las partículas inhaladas que se pegan a la capa mucosa. Los cilios se encuentran tanto en el tracto respiratorio como en el digestivo.

En ocasiones existen diversas enfermedades que afectan estos organelos, desde alteraciones congénitas (por ejemplo, el síndrome de Kartagener) hasta problemas funcionales (como la discinesia ciliar primaria y la fibrosis quística). En dichos pacientes se observa incapacidad para movilizar las secreciones mucoides de la nariz y de los senos paranasales así como de las vías aéreas inferiores (bronquios y pulmones), lo que propicia el estancamiento de moco, el cual se infecta y provoca un estado crónico de inflamación de la mucosa. Es importante realizar estudios para determinar la integridad del funcionamiento ciliar en la nariz con el fin de descartar este tipo de padecimientos, que si bien se pueden detectar en los primeros meses de vida, al ser formas no muy marcadas resultan de difícil diagnóstico.

En primera instancia, el estudio clínico para determinar este tipo de etiología es la llamada prueba de sacarina con azul de metileno. En este examen, al paciente se le aplica la sustancia mencionada en la mucosa nasal y se mide, en tiempo, la dirección y el movimiento del moco de la cavidad nasal hacia la nasofaringe. Si el resultado es positivo se proporcionará el tratamiento específico, además de incrementar medidas higiénicas en los senos paranasales para evitar el estancamiento del moco.

ALTERACIONES INMUNOLÓGICAS

En el cuerpo contamos con células que nos ayudan a combatir los agentes infecciosos o extraños a nuestro organismo. A estas células se les denomina leucocitos, los cuales, a su vez, tienen diferentes estirpes: linfocitos, neutrófilos, eosinófilos, macrófagos y basófilos. Cada uno de estos grupos tiene una función específica para nuestra defensa y puede alterarse, ya sea disminuyendo o aumentando su cantidad, función y productos tales como inmunoglobulinas, interleucinas, factor de complemento y diferentes sustancias inmunorreguladoras.

Para detectar este tipo de anormalidades se solicitan estudios de laboratorio, como son: *a*) una biometría hemática, para el recuento de las células mencionadas, y *b*) un perfil de inmunoglobulinas, el cual comprende inmunoglobulina G, E y A.

Dichos trastornos se tratarán, según su naturaleza, a través de un especialista en otorrinolaringología o un hematólogo.

BIOFILMS

Los biofilms representan la forma más frecuente en la cual se encuentran las bacterias en la naturaleza y desempeñan una función crucial en el desarrollo de las infecciones en humanos. Aproximadamente 65% de las infecciones implican un biofilm.

Un biofilm se define como una comunidad de microorganismos dentro de una matriz de mucopolisacáridos. Tan sólo 20% del biofilm está compuesto por microorganismos, ya sean bacterias u hongos; esta estructura les da un medio en el cual pueden crecer, desarrollarse y reproducirse formando verdaderas colonias que infestan diversas superficies como mucosas, dientes, hueso, piel, órganos, prótesis, válvulas, lentes y tuberías.

La infestación es por contacto y la permanencia del biofilm es por adherencia a la superficie. Los microorganismos que se encuentran más comúnmente en este tipo de infecciones incluyen: *Staphylococcus epidermidis, Staphylococcus aureus, Klebsiella pneumoniae, Pseudomona aeruginosa, Escherichia coli, Candida albicans* y especies de mucor. Actualmente, sabemos que la mayoría de las bacterias se desarrollan en colonias como éstas y que no se presentan como organismos aislados, excepto en su fase de expulsión de dicha colonia para infestar una nueva zona.

Las infecciones de esta forma son resistentes a los antibióticos, pues la mayoría de éstos matan microorganismos que se encuentran en división, pero dentro de un biofilm las bacterias se hallan en fase de crecimiento muy lento, por lo que los antibióticos comúnmente no pueden afectarlas. Por tanto, el tratamiento estará dirigido a romper con este sistema de colonia para que entonces el antibiótico alcance a los microorganismos y se puedan eliminar.

Este tipo de infecciones son de difícil manejo, ya que se requiere un alto índice de sospecha, llevar a cabo cultivos y muestreos muy especializados, además de un tratamiento conjunto de "rompedores" de biofilms y antibiótico, según sea el caso del microorganismo. Lo último en que están trabajando los laboratorios es en el desarrollo de vacunas contra los polisacáridos que forman parte importante de estas estructuras.

SUPERANTÍGENOS

Algunas especies de microorganismos infecciosos producen toxinas inmunoestimuladoras, que pueden ser proteínas o bien de origen bacteriano o viral, todas productoras de enfermedad conocidas como superantígenos, llamadas así por su habilidad policlonal de activar a los linfocitos T en forma no selectiva. Hasta 20% de los linfocitos T del cuerpo son activados con tan sólo pequeñas cantidades de superantígenos. Éstos causan ciertas enfermedades caracterizadas por fiebre y choque, y son factores virulentos para los organismos comensales.

Los microorganismos (incluyendo bacterias, virus y micoplasmas) producen superantígenos (proteínas) como mecanismo de defensa para evadir el sistema inmunológico. Los superantígenos más conocidos son aquellos producidos por las bacterias *Staphylococcus aureus* y *Streptococcus pyogenes*. Existen diferentes enfermedades ligadas a superantígenos, tales como intoxicación alimentaria, síndrome de choque tóxico, algunos tipos de diabetes mellitus, síndrome de Kawasaki, fiebre escarlatina, psoriasis, fiebre reumática y algunas condiciones autoinmunitarias.

La estimulación de los linfocitos T desencadena una respuesta inflamatoria inespecífica mediada por interleucinas (IL-1, IL-2, IL-6), factor de necrosis tumoral alfa, gamma interferón y proteínas de macrófagos, lo cual se manifiesta en el organismo con erupciones dérmicas, fiebre e insuficiencia orgánica múltiple. También se estimulan los linfocitos B y se producen en forma irregular inmunoglobulinas de tipo G, E y M.

Además de su capacidad para causar efectos generales sobre la inmunidad, también son capaces de provocar síntomas característicos de una infección como náusea, vómito y neutrofilia en el sitio de infección, con la consecuente inflamación de los tejidos afectados por la colonización del microorganismo.

En la etiología de la rinosinusitis se ha demostrado que los superantígenos producidos por *Staphylococcus* y *Streptococcus* contribuyen a la rinosinusitis crónica con poliposis, ya que sus toxinas provocan desgranulación de eosinófilos y neutrofilia con la inflamación secundaria a éstos, alterando así la severidad y expresión de la enfermedad.

Con la finalidad de establecer el diagnóstico nos ayudamos de muestras sanguíneas y de tejido nasal (mucosa, pólipos) para detectar la presencia de las exotoxinas estafilocócicas A y D, así como la tipo 1 (síndrome de choque tóxico), por medio de ELISA (Ensayo inmunoabsorbente ligado a enzimas), que resultan positivas en 54 % de los casos de poliposis nasal crónica.

El tratamiento está enfocado a eliminar el microorganismo causal y estimular las células B para producción de anticuerpos contra superantígenos. También incluye el uso de medicamentos inmunosupresores y corticosteroides tanto tópicos como sistémicos para reducir la inflamación.

INFECCIONES PRIMARIAS Y SECUNDARIAS

Eosinofilia

Los eosinófilos son células sanguíneas que se activan cuando existe un proceso inflamatorio de tipo alérgico, principalmente, y los podemos encontrar tanto en la sangre como en los tejidos.

La rinosinusitis crónica eosinofílica comprende varias etiologías a la vez. La eosinofilia es frecuente pero no exclusiva de alergia, provocada por incrementos en la inmunoglobulina E (IgE) y su respuesta de hipersensibilidad secundaria, y se asocia con inflamación mediada por citocinas.

Las subcategorías de la rinosinusitis crónica eosinofílica incluyen: rinosinusitis crónica eosinofílica inducida por superantígenos, sinusitis fúngica alérgica, rinosinusitis crónica fúngica no alérgica y rinosinusitis crónica eosinofílica inducida por aspirina.

La eosinofilia (aumento en el recuento de células eosinófilas) se puede detectar tanto en la sangre como en forma local en los tejidos afectados por la enfermedad. Para su diagnóstico se deberán tomar muestras sanguíneas, de moco nasal y de tejidos nasales (mucosa, pólipos, mucina). Según el grado y la asociación a inmunoglobulinas, se realiza el diagnóstico específico para cada subgrupo, proporcionando así, de acuerdo con el caso, el tratamiento adecuado con inmunomoduladores, antileucotrienos, antihistamínicos, antifúngicos, antibióticos o mediante desensibilización a alergenos.

Osteítis crónica

Se llama osteítis a la inflamación del hueso y es secundaria a un proceso inflamatorio generalmente crónico. En el caso de los senos paranasales, se trata de una inflamación crónica de las mucosas secundaria a una infección que provoca inflamación, reblandecimiento y ruptura del hueso, según el tiempo de evolución.

Las estructuras que se afectan con más frecuencia en casos de rinosinusitis son el proceso unciforme, la pared medial del maxilar, el piso de la órbita y la lámina papirácea; no obstante, según el seno paranasal afectado será el sitio donde el hueso sufra cambios. El conocimiento de tales procesos es importante, ya que estos huesos del cráneo y de la cara separan a los senos paranasales de estructuras vitales como las órbitas, el nervio óptico, las meninges y las arterias carótidas, por mencionar las más destacadas. Si los huesos mencionados llegan a romperse o reblandecerse lo suficiente, la infección se difunde a estas estructuras y da origen a una complicación de la sinusitis.

La osteítis se determina de dos maneras: *a*) una prequirúrgica en los estudios radiológicos, en este caso tomografía computarizada, donde se verán los cambios de las estructuras óseas en cuanto a morfología y densidad, además de otros hallazgos que indiquen enfermedad de los senos paranasales, y *b*) en forma posoperatoria al tomar las biopsias de los tejidos sospechosos o donde se encuentre mayor enfermedad mucosa. Esto último es muy importante, pues si no se eliminan por completo la inflamación y la infección de los huesos afectados, la rinosinusitis continuará propagándose, en cuyo caso podría ser necesario colocar un catéter intravenoso para la aplicación de antibióticos durante un largo periodo o extraer el hueso enfermo con el fin de garantizar la curación del proceso rinosinusítico.

VARIACIONES ANATÓMICAS

Se refiere a que las estructuras que conforman los senos paranasales, sus ostiums (entradas) y estructuras intranasales adyacentes presentan una morfología inadecuada para el funcionamiento de la nariz y de los senos paranasales, propiciando el estancamiento de secreciones dentro de éstos, así como su infección y subsiguiente obstrucción respiratoria.

Estas alteraciones estructurales se diagnostican clínicamente por medio de la exploración física con rinoscopia anterior, endoscopia intranasal y estudios radiológicos (tomografía computarizada o resonancia magnética). Otra forma objetiva para documentar el grado de obstrucción respiratoria de dichas estructuras se logra a través de un estudio denominado rinomanometría, mediante el que se miden los flujos aéreos intranasales durante la inspiración y espiración antes y después de aplicar algún descongestivo tópico.

Debido a que esta etiología es de carácter estructural, no existe tratamiento médico adecuado, por lo que cuando nos enfrentamos a este tipo de alteraciones se requiere la reconformación quirúrgica de los sitios alterados, siendo siempre cuidadosos de ser lo menos invasivos e intervenir de manera que la fisiología nasal no resulte alterada por los cambios anatómicos posquirúrgicos.

FACTORES AMBIENTALES

Dentro de las causas ambientales tenemos la contaminación por sustancias tóxicas, como las que se hallan en las grandes ciudades, y otros factores tales como agentes químicos, alergias, tabaquismo, resfriados comunes, calefacciones que generan un ambiente seco y contaminación por bacterias u hongos (llamado síndrome del edificio enfermo). En los capítulos siguientes iremos analizando cada una de estas causas de sinusitis.

SINTOMATOLOGÍA

Hasta ahora hemos examinado las funciones normales de la nariz y las posibles causas de la enfermedad sinusal. Es sorprendente conocer que cuando los senos paranasales se enferman, el resto del sistema respiratorio responde ante la misma inflamación, aunque en ocasiones, según los diversos niveles de éste, los síntomas pueden ser diferentes.

Los síntomas de la garganta, los bronquios o la laringe pueden ser más llamativos para el paciente y causar mayores molestias que los de los senos paranasales, los cuales muchas veces si son persistentes o crónicos podemos pasarlos por alto y llegar a pensar incluso que es normal tener un escurrimiento nasal matutino, una cierta tos o garraspera, o pequeñas estrías de sangre al sonarnos la nariz todos los días.

Cuando el complejo ostium-meatal llega a obstruirse por condiciones anatómicas, genéticas o ambientales se desencadena una sinusitis. Si dicho complejo se bloquea, las secreciones que discurren por ahí se estancan y el drenaje que lleva a cabo ese lugar milimétrico se detiene. Este proceso causa proliferación de bacterias que forman parte de la flora bacteriana normal de la nariz pero que, en esta ocasión, de manera oportunista, infecta los tejidos y empieza a crecer en los sitios de estancamiento del moco.

Este es un sistema húmedo, y una temperatura normal de 36.5 a 37 °C constituye un perfecto medio de cultivo para el crecimiento y la proliferación de bacterias y gérmenes oportunistas, que crecen y se multiplican rápidamente e invaden estructuras anatómicas vecinas.

Una vez que estos lugares se infectan, el organismo emprende una acción de defensa para luchar contra la infección, que se conoce como respuesta inmunológica. Desafortunadamente, esta reacción lejos de hacernos sentir bien genera sustancias por la degradación de las células inflamatorias; además, los desechos de bacterias y hongos causan una reacción en el organismo que nos hace sentir congestionados y enfermos.

Para combatir a las bacterias, los hongos y las causas irritativas de estos lugares el organismo y la nariz sobreproducen moco. En un estado normal, la nariz puede llegar a producir de dos a tres litros de moco por día, y en la enfermedad esta cantidad puede duplicarse o triplicarse.

Por tanto, el bloqueo del complejo ostium-meatal lleva a la estasis de moco y ésta conduce a la infección y proliferación bacteriana generando inflamación, la cual, a su vez, causará más bloqueo. Después de que nuestra nariz cae en este círculo de bloqueo, infección, inflamación y persistencia de la enfermedad, el proceso de curación requiere el rompimiento de dicho círculo a través de medicamentos, movilización de las secreciones o del moco estancado y eliminación de las bacterias u hongos que intervienen en la enfermedad. Los signos y síntomas que aparecen indican si la infección sinusítica se ha agudizado o se ha perpetuado. A continuación veremos estas características.

Dolor y presión de la cara

El dolor y la presión de la cara, que expresan los pacientes que sufren sinusitis, resultan de la inflamación de los tejidos de estas cavidades (fig. 3.1) por la proliferación de los microorganismos, el aumento de producción de moco y el gas que pueden generar las bacterias anaerobias. Así, el dolor puede estar localizado en un área o seno paranasal específico; por ejemplo, en el caso de una sinusitis frontal puede haber dolor en la frente o dolor de cabeza generalizado; en el caso de la sinusitis maxilar puede haber dolor en el pómulo, que se puede irradiar hacia los dientes; cuando existe una sinusitis etmoidal, el dolor típicamente se encuentra entre los ojos o sobre el puente de la nariz; si se trata de una sinusitis esfenoidal, el dolor se localiza de manera característica en la parte más alta de la cabeza o en el vértex del cráneo, sobre el cuero cabelludo.

Dificultad para respirar u obstrucción nasal y congestión

La combinación del proceso inflamatorio de las mucosas y del exceso de moco disminuye o impide la correcta ventilación de la nariz. El bloqueo puede afectar los dos lados de la nariz y alterar lo que ya hemos analizado en el capítulo anterior, que se llama ciclo nasal, por lo cual es

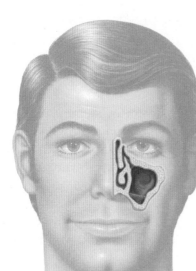

Figura 3.1. La infección de los senos paranasales causa engrosamiento de su recubrimiento mucoso, lo que agrava y perpetúa la infección.

común que se pierda la alternancia de la respiración normal entre ambos lados de la nariz.

La inflamación que genera congestionamiento de estos pasajes respiratorios del complejo ostium-meatal y de los senos paranasales llevará a que el paciente perciba una congestión mayor. Cuando estas cavidades están máximamente inflamadas se crea obstrucción de los ostiums o sitios de drenaje, creando una especie de vacío o presión negativa dentro, que es lo que produce esta sensación de congestionamiento e incluso dolor.

Descarga posnasal

Como ya hemos visto, la nariz en condiciones normales produce de dos a tres litros de moco por día, pero esta cantidad se llega incluso a triplicar cuando la nariz está enferma. Dicho moco tiene que drenar por algún lugar, si no es por la parte anterior lo hará por la zona posterior de la nariz. Muchas veces el moco se infecta por las bacterias y los hongos que hemos mencionado anteriormente, por lo que puede ser de color verdoso amarillento y al escurrir hacia la garganta puede ayudar a asentar las bacterias en la garganta o en el esófago.

Esta descarga posnasal podrá generar irritación de la garganta o de la laringe y definitivamente es la causa de la tos típica que se asocia con la sinusitis, que no se cura y que se manifiesta por la noche cuando el paciente se va a acostar o muy temprano por la mañana al levantarse.

Asma bronquial

Se conocen muchos factores diferentes que activan la crisis respiratoria en los pacientes con asma, como el ejercicio, sobre todo cuando existe inhalación de aire frío, infecciones virales respiratorias, polen aerotransportado y alergenos como, por ejemplo, las esporas (alergenos de las comidas). Estos factores, en conjunto, pueden generar ataques de asma potencialmente severos.

El asma es realmente una hiperreactividad de las vías respiratorias bajas que se caracteriza por constricción intermitente bronquial, lo que desencadena el silbido característico pulmonar cuando el paciente intenta respirar.

Este padecimiento ocurre casi por igual en personas de cualquier edad, y si no se trata adecuadamente puede ser muy peligrosa, sobre todo en niños, en quienes existe la posibilidad de llegar a causar la muerte. Cuando el asma se relaciona con una sinusitis, puede desarrollarse aún más y volverse mucho más grave. Es en estos casos en los cuales se debe consultar al médico, especialmente para controlar o eliminar la sinusitis. La tos puede ser un síntoma de muchas enfermedades diferentes de la sinusitis; por ejemplo, los resfriados por influenza y el reflujo gastroesofágico.

Tos persistente

La tos persistente puede ser una manifestación de asma moderada; también se puede precipitar por efecto de ciertas clases de medicamentos, sobre todo aquellos que se utilizan para el control de la presión arterial, como betabloqueadores o inhibidores de la enzima convertidora de la angiotensina.

En niños, la tos que aparece justo al ir a dormir es un síntoma muy común de sinusitis crónica; en adultos, una tos persistente durante el día o durante la mañana al despertar es indicativa generalmente de la pre-

sencia de una sinusitis. Una tos persistente durante el día puede complicarse o ser causa de tuberculosis, esófago de Barrett, o bien, cáncer de
garganta o de pulmones.

Muchos pacientes fumadores que están expuestos crónicamente a
toxinas inhaladas pueden tener también una tos persistente; si esta tos
continúa durante más de dos semanas, se debe consultar al doctor para
determinar la causa exacta.

Fiebre

Cuando se desarrolla una infección, el organismo responde con mecanismos de defensa contra ésta. Nuestro sistema inmunológico contri-
buye a elevar la temperatura corporal a un nivel tal que permita eliminar
las bacterias termosensibles o los virus que nos han invadido.

La mayoría de las personas mantienen una temperatura corporal de
entre 36 y 36.5 °C. Una fiebre más allá de 38 °C puede ser consecuencia
de un resfriado común o síntoma de una influenza que no necesaria-
mente indique la presencia de una infección grave, sino más bien la
respuesta del organismo a la infección viral o bacteriana; sin embargo,
una fiebre prolongada de entre 37 y 38 °C generalmente constituye el
signo de una enfermedad que se ha establecido durante mucho tiempo, y si ésta se asocia con dolor facial o congestión nasal hay que sospechar de sinusitis.

Lagrimeo y picor de ojos

Ya que los conductos de las lágrimas drenan dentro de la nariz, una
infección de los senos paranasales y de la cavidad nasal misma representa un riesgo de infección para la vía lagrimal y los ojos. Muchas veces el
picor o la comezón de los ojos son síntomas de alergias estacionales, pero
también es posible que estas molestias aparezcan cuando haya una sinusitis. En otras ocasiones, el lagrimeo unilateral puede generar la sospecha
de que exista alguna obstrucción o tumoración específica en el conducto de las lágrimas de ese mismo lado, por lo que es conveniente acudir al
médico para valorar dicho síntoma.

Pérdida del olfato

En el techo de la nariz, por dentro de la cavidad nasal, existe un epitelio especializado en la percepción de los aromas llamado *epitelio olfatorio*. Este tejido contiene receptores específicos para el olfato que activan la percepción de olores cuando las moléculas de las sustancias se inhalan y llegan ahí. La inflamación de las membranas o del epitelio de este sitio puede impedir que las moléculas alcancen los receptores olfatorios, lo cual va a producir reducción en la sensibilidad de la olfación.

Pérdida del gusto

La sensación del gusto que nos ayuda a percibir los diferentes sabores depende en realidad de un funcionamiento adecuado de la percepción olfativa. En consecuencia, muchas personas que pierden toda o parte de la sensación olfatoria por una sinusitis expresan que ha disminuido la percepción del gusto a los alimentos.

Mal aliento

Cuando las secreciones provenientes de la sinusitis drenan hacia la garganta por atrás de la nariz, y sobre todo si éstas son fétidas, pueden producir mal olor del aliento (halitosis). Las bacterias que escurren hacia la garganta desde la nariz se van sembrando a distancia de los tejidos de la garganta; la presencia de estos microbios en la garganta y en la boca genera halitosis. Eliminar estas bacterias con enjuagues bucales antisépticos puede ayudar a paliar temporalmente la halitosis.

Fatiga

Cuando nuestro organismo experimenta una infección de cualquier naturaleza es normal que sintamos fatiga. La sinusitis crónica no es la excepción, y dentro de los síntomas asociados con esta enfermedad el que más relevancia tiene desde el punto de vista estadístico es la fatiga. El organismo gasta la reserva de calorías durante el día en una actividad normal al luchar contra una infección crónica y esto es lo que nos hace sentir fatigados.

Además, la mala respiración o la obstrucción nasal y la tos persistente, sobre todo durante la noche, trae como consecuencia una pobre calidad en el sueño, lo que resulta en aumento de la fatiga y pérdida de energía durante el día.

Sensación de oído tapado

Cuando el escurrimiento nasal posterior es abundante, las bacterias pasan de la nariz a la garganta y pueden migrar hacia las estructuras de la trompa de Eustaquio, pasajes que conectan al oído con la nariz, lo que puede causar la sensación de que el oído está tapado.

Dolor de oídos

El dolor de oídos puede ocurrir en personas de cualquier edad, pero es más frecuente en niños pequeños. De hecho, se estima que casi todos los niños presentan una infección de oídos antes de cumplir siete u ocho años de edad. Esta infección de oídos es una condición frecuentemente denominada otitis media, esto es, una infección del oído medio. Debido a la conexión entre oídos medios y senos paranasales, tanto en niños como en adultos puede ser difícil saber en dónde inició la infección.

Al igual que la sinusitis, la otitis media puede ser aguda o crónica, y típicamente se asocia con obstrucción de la trompa de Eustaquio. Los bebés o niños pequeños con dolor de oídos pueden presentar síntomas como aumento de irritabilidad y fiebre; asimismo, es posible que se toquen constantemente los oídos o que jalen de ellos. Además, si la infección se desarrolla en ambos oídos, pueden experimentar pérdida temporal de la audición; por tanto, es importante consultar al médico si el niño padece dolor de oídos, pues si la infección no se trata el tímpano puede cicatrizar y ocasionar pérdida permanente de la audición y retraso en el desarrollo del lenguaje.

Típicamente, estas infecciones siguen a una infección de vías aéreas superiores de carácter viral, como un catarro común, pero la causa de este síntoma también puede ser una sinusitis. Los adultos también experimentan dolor de oídos, el cual puede ser síntoma de una infección del oído o de los senos paranasales. En adultos y niños mayores, el síntoma puede indicar una otitis media, o bien, una otitis externa (infección del conducto auditivo externo), algunas veces llamada "oído de nadador".

Un dolor intenso del oído durante un viaje por avión, particularmente cuando la presión aérea cambia bruscamente, como cuando la nave está despegando o aterrizando, puede ser también un síntoma de una infección de los senos paranasales o de una sinusitis crónica.

En efecto, no es prudente viajar en avión cuando se tiene un proceso gripal. Los problemas en la trompa de Eustaquio pueden causar pérdida permanente de la audición –aun cuando esto sólo ocurre ocasionalmente– si las presiones no pueden ser compensadas conforme el avión desciende.

Problemas de deglución

Existen diversos factores que pueden contribuir con los problemas de deglución (disfagia) y algunos de ellos son en realidad muy serios. La dificultad al deglutir puede ser, por ejemplo, síntoma de un crecimiento de la glándula tiroides, un problema neurológico, una manifestación de esófago de Barrett, una condición precancerígena condicionada por el reflujo de ácido gástrico, etc. La disfagia es un síntoma generalmente de que algo está mal en la garganta. Si usted tiene dicho síntoma debería visitar a su médico.

Ronquera

La voz ronca se produce con más frecuencia por inflamación de las cuerdas vocales (laringitis). Esta condición es generalmente de origen viral y desaparece de manera espontánea. Una ronquera prolongada puede tener su origen en un abuso de la voz (gritar, cantar o hablar durante mucho tiempo), nódulos desarrollados en las cuerdas vocales o una variedad de causas como la enfermedad por reflujo gastroesofágico y las alergias. También puede ser síntoma de problemas más serios, como un tumor en las cuerdas vocales o en la glándula tiroides.

Algunas veces, la ronquera puede ser también el resultado de una sinusitis crónica asociada con descarga retronasal que provoca inflamación de las cuerdas vocales; por tanto, cuando la ronquera es un síntoma recurrente se debe considerar la posibilidad de sinusitis. Cualquiera que sea la causa, la ronquera que dure más de unas semanas debe ser siempre evaluada por un otorrinolaringólogo (médico especialista en oídos, nariz y garganta).

Inflamación de los párpados

La inflamación de los párpados puede ser un síntoma de sinusitis, pues los senos etmoidales se encuentran cerca de los conductos lagrimales en el borde interno de los ojos, y cuando estos senos se inflaman, los párpados y tejidos alrededor de los ojos también pueden inflamarse o pigmentarse, ocasionando con ello las llamadas ojeras alérgicas.

Inflamación de ganglios linfáticos

Como ya se vió, la sinusitis puede ser provocada por tres tipos de infecciones: bacteriana, viral y fúngica. Para combatir estas invasiones, el cuerpo tiene un sofisticado mecanismo inmunológico que opera independientemente del sistema circulatorio sanguíneo.

Dicho mecanismo se denomina *sistema linfático* y consiste en una red de conductos y ganglios por los que circula linfa, un líquido transparente que contiene células blancas que atacan a las bacterias, a los virus y a los hongos, o a cualquier microorganismo extraño que se introduzca en el cuerpo. Estas células blancas tienen por objeto destruir al germen antes de que se multiplique y provoque una enfermedad. Los ganglios linfáticos se encuentran en las ingles, el cuello, las axilas, el abdomen y, de importancia para los pacientes que sufren sinusitis, en las amígdalas y adenoides.

Existe también tejido linfático en la médula de los huesos (donde se producen las células sanguíneas), el apéndice, el epitelio del intestino delgado y el bazo. Cuando hay una infección en el cuerpo y ocurre una batalla entre los linfocitos y los microbios invasores, los nódulos linfáticos con frecuencia se inflaman y se vuelven duros al tacto. Si usted siente un ganglio inflamado, particularmente en el cuello, puede ser un síntoma de infección en sus senos paranasales o reflejar otra inflamación en la misma área. Si un ganglio linfático permanece inflamado, y particularmente si aumenta de tamaño lentamente, puede ser un síntoma de cáncer o un tumor, y puede ser necesario realizar una biopsia.

Sensibilidad al tacto

Como se analizó previamente en este capítulo, aunque tanto el moco como el aire circulan constantemente a través de los senos paranasales, la mayor parte del tiempo tan sólo hay aire dentro de ellos. Si el moco se encuentra infectado, se vuelve más espeso de lo normal y puede dificultarse su circulación hacia fuera de los senos, de la garganta o de la nariz. Cuando eso ocurre, los senos se llenan de moco y se crea presión dentro de ellos. Y debido a que algunos senos paranasales se encuentran cerca de la superficie de la cara y están adyacentes a otras estructuras faciales, con frecuencia la presión puede causar dolor, en especial sobre la región maxilar y en la mandíbula.

Dolor dental

Lo que se percibe como dolor dental, particularmente en los molares superiores en la parte posterior de la boca, puede ser un síntoma de sinusitis. La razón de esto es que los senos maxilares se localizan en los huesos de las mejillas y cuando están infectados pueden ejercer presión sobre los nervios dentales.

FACTORES DE RIESGO

Se considera un factor de riesgo aquel que aumenta la posibilidad de sufrir una enfermedad o una alteración física. Aun cuando es posible desarrollar sinusitis con la existencia de estos factores de riesgo o sin ellos, el hecho de tenerlos incrementa enormemente la susceptibilidad de nuestro organismo para adquirir una sinusitis. Si usted identifica uno o más de los factores de riesgo que se enumeran a continuación, le aconsejo que acuda con su médico.

Tabaquismo

El hecho de fumar activamente o ser fumador pasivo incrementa casi al triple el riesgo de desarrollar una enfermedad respiratoria y, por tanto, una sinusitis. Otros factores de riesgo son resfriados recientes, obstrucción nasal por pólipos, desviación del septum nasal, anormalidades de los huesos de la cara, adenoides crecidos, labio y paladar hendidos, tumores, alergias, ciertas enfermedades crónicas como fibrosis quística, síndrome de Kartagener (es una enfermedad de los cilios que mueven las secreciones a lo largo de todo el cuerpo), granulomatosis de Weener, sida, diabetes, golpes en la cabeza o cualquier condición física que haya deformado la nariz.

Los factores de riesgo ambientales incluyen viajar a grandes alturas, contaminación o vivir en lugares donde hay gran polinización. Dentro de las actividades que se consideran como factores de riesgo están el volar (pilotos), bucear o nadar. Estas actividades incrementan nuestros riesgos a tener sinusitis.

Alteraciones anatómicas del complejo ostium-meatal

El complejo ostium-meatal y las deformidades del septum nasal se evaluaron prospectivamente en un estudio de 100 pacientes, en el Centro de Radiología de la Universidad de Pennsylvania. En este estudio se demostró que las deformidades moderadas o severas del septum nasal asociadas con las del proceso unciforme (un hueso diminuto que se encuentra en la antesala del complejo ostium-meatal) se relacionan estadísticamente en más de 76 % de los casos de sinusitis crónica.

Inmunodeficiencia

Los pacientes contagiados con el VIH o con alguna otra enfermedad inmunológica, como artritis reumatoide, lupus eritematoso sistémico, linfomas, etc., están más propensos a desarrollar sinusitis y sufrir complicaciones. Se ha aceptado que la sinusitis es una enfermedad poco reconocida e infravalorada en estos pacientes, lo que puede agravar su morbilidad.

Asma

La sinusitis crónica es común en pacientes con rinitis alérgica, asma o ambos padecimientos. Los investigadores han estudiado las relaciones entre alergia, asma, rinitis y sinusitis y han sugerido los mecanismos probables de la afectación y relación de las vías respiratorias superiores sobre las inferiores.

Los resultados de estas investigaciones sugieren que la causa de la sinusitis crónica en pacientes con asma y rinitis es la extensión del proceso inflamatorio eosinofílico en la mucosa nasal y sinusal. Estos pacientes son más susceptibles a sufrir sinusitis e infecciones recurrentes debido a la obstrucción inflamatoria causada por esta infiltración eosinofílica en los sitios de drenaje de las secreciones de los senos paranasales.

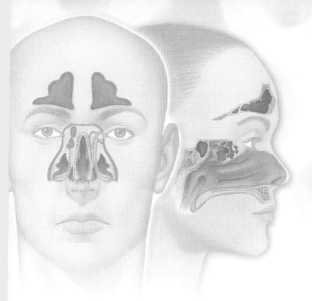

Diagnóstico

INTRODUCCIÓN

Los síntomas de una sinusitis pueden ser semejantes a los de otras enfermedades tales como resfriados, influenza, dolor de muelas y alergias, así que para proveer un tratamiento efectivo de la sinusitis lo primero que debemos hacer es diferenciar los diversos diagnósticos posibles que pueden confundirnos con esta condición y que causan síntomas similares. A menos de que usted haya tenido una experiencia previa, en la cual se le haya diagnosticado sinusitis, ya sabrá que por esos signos y síntomas que está sufriendo tendrá que ir al doctor de inmediato.

Muchas otras personas pueden confundir estos síntomas, por lo que el análisis de ellos ha de hacerse exhaustivamente.

En todo momento, el paciente debe dar al médico una adecuada información escrita a través del interrogatorio de la historia clínica acerca de los síntomas y las molestias que está sufriendo a consecuencia de la enfermedad.

El médico probablemente le preguntará lo siguiente:

1. ¿Cuál es su síntoma principal?
2. ¿Cuál es la calidad o la cualidad de su síntoma principal? Por ejemplo, si es leve, moderado o severo.

3. ¿Con qué frecuencia lo sufre? Esto es, si está presente todo el día, si se manifiesta en tiempos parciales a través del día, si es semanal, si es estacional, si es recurrente.

4. ¿Cuánto tiempo dura? Habrá que especificar si su duración es de minutos, horas, días o semanas, y con qué se modifica ese síntoma, si con alguna actividad, con algún medicamento, etcétera.

CÓMO DIFERENCIAR LA SINUSITIS DE OTRAS ENFERMEDADES

Las siguientes son enfermedades que se confunden más comúnmente con los síntomas de la sinusitis y, por tanto, deberán ser descartadas primero antes de instaurar un programa de tratamiento para la sinusitis.

Resfriado común

El resfriado común y la sinusitis son enfermedades interrelacionadas por el simple hecho de que el primero es causado por virus, como consecuencia directa de la sinusitis, mientras que ésta es producida por bacterias. Por otra parte, el resfriado común puede ocurrir en cualquier momento, pero es más común durante el invierno; sin embargo, lo que puede confundirnos es que, en ocasiones, el resfriado común puede preceder o ser el factor que desencadene una infección sinusítica. No habrá de sorprendernos que los síntomas de estos dos padecimientos sean muy parecidos.

El tratamiento de estas dos condiciones es muy diferente; por ello, es importante que el médico determine cuál de estas dos enfermedades está usted sufriendo. Los agentes virales más comunes que propician un resfriado común son los coronavirus y los rinovirus. Aun cuando estos resfriados son muy comunes todavía no existe una cura para ellos, quizá porque la enfermedad puede ser causada por 200 diversas cepas de virus. Los síntomas distintivos de un resfriado común típicamente son escurrimiento nasal, de inicio casi súbito, u obstrucción de la nariz, estornudos, dolor de garganta, tos y dolor de cabeza.

Algunas personas pueden tener fiebre al inicio de un resfriado, pero una fiebre de este tipo, aunque generalmente sea elevada, no dura más de un día o dos a lo largo de la presencia de estos síntomas, a menos que el resfriado se haya complicado con otra cosa, o sea, un tipo de resfriado llamado influenza, que veremos a continuación.

Influenza estacional

En forma similar a un resfriado común, la influenza es causada por un virus y es muy contagiosa. El virus se descubrió en 1933 y se clasifica en dos tipos principales, A y B; existe un tercer tipo, el C, pero es menos importante y se vincula con casos esporádicos y brotes pequeños. Como todos los virus, el de la influenza tiene la capacidad de mutar o "transformarse a sí mismo", capacidad que utiliza para "hospedarse" en otros seres vivos y que le permite "defenderse" de las vacunas.

La capacidad de mutación del virus origina cepas nuevas y distintas, lo que obliga a desarrollar al mismo tiempo vacunas nuevas y distintas. Así, el virus de la influenza está en un constante proceso de transformación. Tanto en México como en el resto del mundo, todos los años hay casos de influenza, concentrándose su presentación durante los meses de invierno.

El resfriado, la influenza y la sinusitis comparten síntomas comunes tales como dolor de cabeza, tos, dolor de garganta y congestión nasal, sólo que dentro de los síntomas de la influenza típicamente se incluyen dolor de cuerpo y músculos, fatiga extrema y fiebre muy elevada.

La influenza estacional puede causar una enfermedad leve o grave y en ciertos casos llega a ocasionar la muerte. Cada año mueren 36 000 personas en Estados Unidos y más de 200 000 son hospitalizadas por complicaciones de esta enfermedad. Desafortunadamente no hay cura para la influenza; así, cuando una persona empieza a tener los síntomas, solamente habrá que esperar que no se compliquen tomando medicamentos.

Las vacunas que están disponibles en la actualidad pueden ayudarnos a prevenir las epidemias de influenza y hacer que nuestro organismo se haga más fuerte, o que nuestro sistema inmunológico se fortalezca cada vez más con vacunas repetidas cada año para poder enfrentar de forma más efectiva esta enfermedad.

Las vacunas están elaboradas con virus muertos o atenuados, que cambian anualmente de acuerdo con las cepas que se van produciendo, por lo que cada año la vacuna es muy diferente de la del año anterior. Nosotros recomendamos que toda la población se vacune contra la influenza, especialmente los servidores públicos o empleados de oficinas públicas, como oficiales de policía, maestros, trabajadores del sector salud (médicos, enfermeras, asistentes de los consultorios), niños pequeños y adultos mayores de 60 años.

Influenza H1N1

La influenza H1N1 es una enfermedad infecciosa causada por un nuevo tipo de virus de la influenza. Este virus se trasmite de persona a persona de forma muy parecida a como se propaga el virus de la gripe estacional y el de la influenza estacional. En un comienzo, este virus fue llamado "virus de la gripe porcina" porque se detectaron partículas de virus muy parecidas al virus de la influenza que afecta a los cerdos en Estados Unidos.

Estudios adicionales han indicado que este virus tiene dos genes de la influenza que circulan comúnmente en los cerdos de Europa y Asia, así como genes de aves y seres humanos, por lo que hoy se le llama virus *reordenado cuádruple*. La verdad es que todavía estamos reaprendiendo sobre la gravedad de este virus y por el momento no hay suficiente información acerca de cómo se comportará en un proceso de infección masiva, así como de propagación mundial.

La diferencia entre la influenza estacional y la ocasionada por el virus H1N1 es que la primera suele ocurrir en los meses fríos de invierno y no es tan grave, mientras que los síntomas de la segunda, aunque son muy parecidos, incluyen fiebre, tos persistente y seca, dolor de garganta, dolor de cabeza, dolor de cuerpo, escalofrío, fatiga y secreción nasal. Además, esta última puede complicarse tanto que es capaz de ocasionar la muerte del enfermo.

Alergias

Muchos de nosotros hemos escuchado a pacientes o personas que dicen: "si estornudas más de tres veces, seguro es una alergia"; sin embargo, aunque generalmente esto no es correcto, tiene algo de mérito. Las alergias por lo regular están causadas por sustancias irritantes ambientales como pólenes, polvos y caspas de animales, no ciertamente por bacterias ni virus. Estos compuestos irritantes, conocidos como alergenos, activan nuestro sistema inmunológico y cada persona puede responder de forma diferente de acuerdo con la salud o enfermedad de su propio sistema inmunológico.

A menudo se forma un anticuerpo como respuesta a este estímulo ambiental irritante, cuyo nombre es *inmunoglobulina E*, la cual constituye el dispositivo que desencadena una respuesta específica en las células blancas y que provoca la liberación de gránulos de histamina hacia el torrente sanguíneo.

La histamina es una molécula muy poderosa que causa que las membranas del árbol respiratorio, incluyendo la nariz, los senos paranasales y los pulmones, se inflamen y produzcan moco.

Cuando la cantidad de histamina es mucho mayor también puede desencadenar estornudos repetidos, escurrimiento por la nariz, congestión de los ojos, etc. Estas alergias comúnmente son estacionales o por temporadas, sobre todo al inicio de la primavera, al final del verano y principio del invierno, cuando la gran cantidad de polinización en el ambiente se hace más evidente, o pueden ser crónicas o perennes, como las alergias al polvo o a la caspa de los animales.

En muchos casos, si estos pequeños síntomas no responden al cese de la exposición al alergeno, al polvo, al polen, etc., o a algún medicamento simple antihistamínico o antialergeno, es muy recomendable que usted visite a su médico.

Migraña

Recordemos que el dolor de cabeza es un síntoma común en una sinusitis aguda o en una sinusitis crónica severa; sin embargo, el dolor de cabeza también puede ser una manifestación de alguna otra enfermedad, por ejemplo, de una migraña.

Otras causas pueden ser el estrés, espasmos musculares, problemas del cuello y alteraciones de la articulación temporomandibular, sólo para mencionar algunas. En nuestra población, los dolores de cabeza de origen vascular –mejor llamados dolores de cabeza migrañosos– son un tipo muy común de dolores de cabeza recurrentes.

Nadie sabe exactamente qué es lo que causa la migraña, pero se cree que puede haber alguna tendencia hereditaria, ya que 70 % de los pacientes con migraña presentan algún antecedente familiar de dolor de cabeza.

Comúnmente, los pacientes que experimentan migraña sufren náusea o vómito, que son síntomas muy característicos, y éstos no se presentan cuando hay un dolor de cabeza por sinusitis. Además, los pacientes migrañosos tienen hipersensibilidad a la luz, a los sonidos o a los aromas; tampoco estos síntomas son comunes en un paciente que tiene dolor de cabeza por sinusitis.

Nunca se deberá pasar por alto un dolor de cabeza frecuente o recurrente, y hay que acudir al médico para que nos ayude a diferenciar estas enfermedades.

Neuralgia del trigémino

Como su nombre lo dice, este tipo de neuralgia se presenta por inflamación del nervio trigémino, que nos da la sensibilidad de toda la cara. Este nervio se divide en tres ramas (inferior, media y superior) y se distribuye igualmente en la superficie de la cara.

Muchas veces algún estímulo como lavarse los dientes o tocarse algún lado de la cara o la piel puede desencadenar el dolor, que típicamente se trata de forma adecuada con medicamentos anticonvulsivos o antidepresivos. Algunos pacientes pueden sentir alivio del dolor con medicina opcional, conocida como "alternativa", como la acupuntura.

La sinusitis puede generar irritación en una de las ramas del trigémino cuando se presenta infección de una cavidad, específicamente del seno maxilar; por tanto, el dolor de un paciente con sinusitis podría ser muy parecido al de una neuralgia del trigémino, en especial cuando hay dolor dentario o en la parte de la piel sobre el pómulo.

CÓMO SE PRACTICA EL EXAMEN DE LA NARIZ

Endoscopia nasal

Dentro del diagnóstico de la sinusitis, una vez que se complete su historia clínica, su médico podría pedirle observar dentro de su nariz con un pequeño endoscopio. Recuerde que los senos paranasales no se pueden ver a simple vista; por tanto, estas técnicas de visualización del interior de la nariz son muy necesarias para localizar el sitio específico de la inflamación o el lugar en donde estén drenando las secreciones purulentas.

El endoscopio o telescopio nasal es un instrumento óptico con luz para examinar la nariz. Este examen se conoce como *endoscopia nasal diagnóstica* (fig. 4.1).

Gracias a que este endoscopio es muy delgado (de 2.7 a 4 mm de diámetro), puede pasar fácilmente a través de la fosa nasal para examinar los pasajes y senos paranasales.

El examen nasal estándar es muy limitado; no obstante, permite hacer un estudio detallado de la cavidad y de los senos paranasales. Estos endoscopios se utilizan también en los procedimientos quirúrgicos que se efectúan en el quirófano. Los pacientes toleran muy bien la endoscopia nasal.

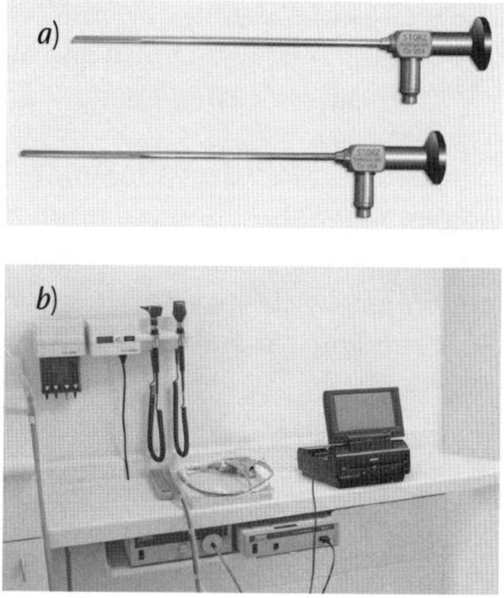

Figura 4.1. La endoscopia nasal a menudo se lleva a cabo con endoscopios rígidos y delgados, cuyo diámetro es de unos 2.7 mm (*a*). Las imágenes obtenidas a través de una minicámara, acoplada al endoscopio, se proyectan en un monitor y a la vez se graban en un equipo de video (*b*).

Antes de realizar una endoscopia, se podría aplicar en las fosas nasales un descongestivo nasal tópico o un anestésico local, ya sea por aspersión o localmente. Este tipo de medicamentos ayudan a que la endoscopia no resulte dolorosa. Aun cuando algunas personas que son muy sensibles pueden seguir sintiéndose poco confortables o con algunas molestias, la visión endoscópica nos ayuda enormemente para detallar lo que está pasando dentro de la cavidad nasal.

Hay varios aspectos que son muy importantes de observar a través de la endoscopia:

- Si existen membranas mucosas inflamadas.
- Si el meato medio está inflamado y drena alguna secreción purulenta.
- Si los cornetes están crecidos.
- Si hay pólipos que bloqueen la salida del drenaje de las cavidades de los senos paranasales.

- Si existe alguna deformidad anatómica o desviación del tabique nasal o de otras áreas que estén propiciando la obstrucción de estos sitios de drenaje.

Es importante descartar también la presencia de algún tumor benigno o maligno. Los tumores benignos que se hallan con más frecuencia dentro de la nariz en un paciente con sinusitis son los pólipos, que son crecimientos que pueden ir desde el pequeño tamaño de un chícharo hasta un gran tamaño un poco más grande que una uva. Estos pólipos pueden tener raíces adheridas a las paredes de los senos paranasales. Aun cuando no se conoce la causa precisa de los pólipos, por lo general se deben a inflamación o infección de los lugares o del tapiz de las mucosas que están inflamados crónicamente.

Así como los pólipos crecen y ocupan un lugar específico dentro de las áreas respiratorias de la nariz, también dificultan el paso del aire y de las secreciones, y disminuyen o anulan la capacidad olfativa del paciente (figs. 4.2 y 4.3). Además, van creciendo y comprimiendo áreas vecinas, invadiendo o rompiendo las paredes de mucosas y huesos, y ocasionalmente vemos destrucción por compresión de ciertas áreas. Lo que nos preocupa específicamente es la existencia de pólipos en el área etmoidal, ya que pueden afectar la división del ojo con la nariz, que se llama lámina papirácea, y generar problemas y síntomas oculares.

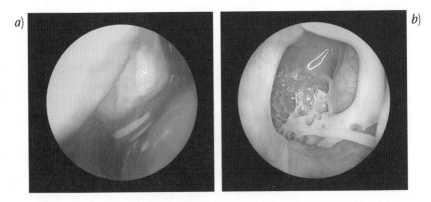

a)   *b)*

Figura 4.2. Interior de la fosa nasal izquierda en un paciente con sinusitis crónica aguda: *a)* cornete medio, abombado por el reblandecimiento producido por la enfermedad infecciosa; la secreción purulenta proviene del seno maxilar; *b)* secreciones purulentas que drenan desde la parte posterior y profunda de la nariz y escurren hacia la garganta, bañando la zona en donde se abre la comunicación entre la nariz y el oído a través de la tuba auditiva (trompa de Eustaquio).

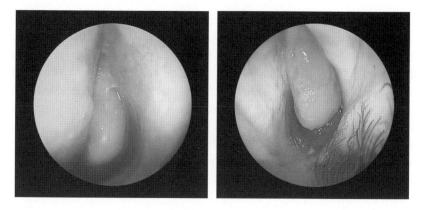

Figura 4.3. Imagen endoscópica de la nariz, en donde se pueden apreciar pólipos múltiples que llenan los espacios del interior de la misma.

Tomografía axial computarizada y resonancia magnética

La tomografía axial computarizada (TAC) es otra de las herramientas muy útiles en el diagnóstico de la sinusitis. La tomografía de senos paranasales es indolora y generalmente se realiza en menos de cinco minutos. Para esto, usted se debe acostar en una camilla dentro del departamento de radiología, en donde el escáner tiene un arco abierto para evitar claustrofobia al paciente. Por medio de este estudio se pueden hacer cortes tomográficos limitados, extensos o milimétricos, según lo requiera el médico.

Un escáner o una tomografía limitada incluirá sólo seis cortes de tomografía o seis fotografías dentro de una placa, y un escáner completo o estudio tomográfico completo necesitará más de veinte cortes verticales u horizontales de diferentes porciones de la nariz, con la finalidad de visualizar los detalles de las áreas de los senos paranasales (fig. 4.4).

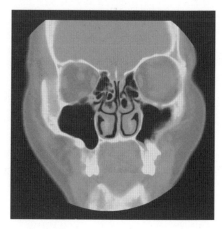

Figura 4.4. Ejemplo de tomografía de nariz y senos paranasales. Este estudio es útil para diagnosticar la extensión y la causa anatómica de las estructuras sinusales.

Cuanto más finos sean los cortes tomográficos, el médico podrá evaluar mejor los sitios de drenaje milimétricos de cada uno de los senos paranasales, incluyendo el complejo ostium-meatal, y podrá delimitar con precisión la forma que éstos tienen. Si alguno de los orificios está obstruido, el interior de los senos paranasales aparecerá con imágenes negruzcas; esto quiere decir que existe aire dentro de la nariz, pues el aire se ve negro dentro de las áreas al realizar la tomografía de senos paranasales.

Las zonas grisáceas que se observen dentro de la nariz representarán regiones de enfermedad por concentración de secreciones, puesto que las secreciones dentro de esas cavidades se ven de color gris en las imágenes tomográficas.

Es importante revisar junto con su médico la relación que existe entre esta infección y las estructuras vitales, como los ojos y el cráneo, ya que ocasionalmente las enfermedades de este tipo van "carcomiendo" los límites entre la nariz, los ojos y el cráneo, y por ello puede haber complicaciones dentro de estas importantes zonas.

En ocasiones el médico realiza estudios de resonancia magnética (RM) para evaluar la enfermedad sinusal, sobre todo cuando se sospecha que esta enfermedad ha invadido o está inflamando estructuras muy sensibles como el cráneo o el interior de las órbitas de los ojos. La RM típicamente no muestra de manera adecuada los límites del hueso, por lo que muchas veces el médico necesitará hacer los dos estudios: una tomografía, en la cual sí se ven los límites del hueso, y una resonancia magnética, en la que se observan mejor las estructuras blandas del cráneo (fig. 4.5).

OTRAS PRUEBAS NECESARIAS

En la mayoría de los casos, además de una historia clínica detallada, una endoscopia nasal y una tomografía, el otorrinolaringólogo requerirá información de otros estudios diagnósticos de laboratorio, como pruebas de alergia, cultivos o análisis de sangre específicos, para determinar cuál es el estado de su sistema inmunológico o si existe alguna otra enfermedad que esté propiciando la aparición de la sinusitis.

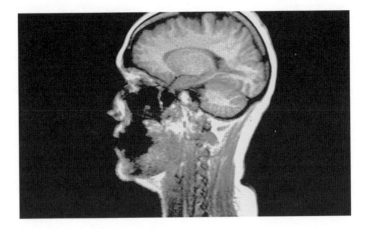

Figura 4.5. Resonancia magnética. Este estudio es útil para visualizar las partes blandas de la anatomía nasal así como las estructuras vitales, vecinas, como son cerebro, ojos y meninges (membrana que envuelve el cerebro).

Pruebas de alergia

Los estudios de alergia que comúnmente se requieren incluirán pruebas cutáneas para exponer su piel a una gran variedad de alergenos o sustancias que desencadenan las alergias. Estas pruebas se pueden hacer mediante la aplicación de pequeños piquetes en la superficie de la piel o por inyección con una aguja. Un recurso opcional de estos análisis cutáneos es la prueba RAST (radio alergoabsorbente), en la que se obtiene sangre para medir las cantidades de un anticuerpo (IgE) que el organismo esté produciendo para luchar contra las alergias. Ambas pruebas fueron desarrolladas por los alergólogos y los otorrinolaringólogos con experiencia en alergias.

Cultivos

Si en el proceso diagnóstico, durante la endoscopia, el especialista observa secreción purulenta proveniente de los senos paranasales, necesitará obtener un cultivo, ya sea con un cotonete introducido en la fosa nasal para tomar una muestra de esta secreción o a través de una aspiración guiada por medio de un endoscopio hacia el interior de la nariz en el sitio específico en donde se esté produciendo la infección.

III

Tratamiento

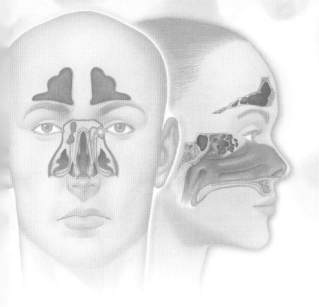

5

Tratamiento médico

INTRODUCCIÓN

Debido a que el tratamiento de la enfermedad sinusal crónica rara vez tiene una resolución médica, nos enfocaremos solamente a la enfermedad aguda, con una breve reseña –al final del capítulo– de los factores del hospedero que pueden provocar enfermedad crónica.

Por la resistencia microbiana actual y el hecho de que la mayor parte de las infecciones de vías respiratorias se resuelven espontáneamente, el Colegio Médico Americano ha propuesto que el tratamiento médico de la sinusitis bacteriana aguda debe postergarse hasta pasados los siete días del inicio de los síntomas, siempre y cuando no se acompañe de problemas mayores como dolor dental, facial o fiebre.

La sinusitis no se trata con antibióticos, a menos que se documente la presencia de bacterias implicadas en la enfermedad. Los antibióticos son necesarios sólo en estos casos. En la mayoría de las veces los médicos pueden sospechar si una infección causada por bacterias es la responsable del cuadro sinusítico al explorar el interior de la nariz, valorar el tipo de lesiones presentes en la mucosa y considerar el tipo de secreciones.

Los antibióticos no serán de utilidad en el caso de infecciones virales o irritativas causadas por efectos de la contaminación o de algunos compuestos químicos, así como por los efectos de humos o vapores. En estos casos, si se prescriben antibióticos o si el paciente se automedica puede ser contraproducente para la evolución satisfactoria, e inclusive algunas bacterias pueden hacerse resistentes. Si los síntomas nasales continúan durante más de 10 días deberá hacer una cita para valoración con el médico especialista y evitar así complicaciones potenciales de la sinusitis.

En los pacientes pediátricos, cuando la enfermedad tiene una duración mayor que 10 días y existe ataque al estado general, temperatura de 39 °C o más y descarga retronasal purulenta abundante, el uso de antibióticos los mejora significativamente, y estos criterios deben usarse como normas para su prescripción.

La Academia Americana de Otorrinolaringología y Cirugía de Cabeza y Cuello, propone manejos semejantes, incluso con esquemas empíricos iniciales de tan sólo cinco días de tratamiento. La población de pacientes del otorrinolaringólogo está conformada por personas que han sido previamente tratadas o que son referidas para una segunda opinión; raramente se enfrenta a pacientes vírgenes al tratamiento o con enfermedades no complicadas. Por ello, en la mayoría de los casos es necesario el uso de antibióticos de segunda línea y algunas otras medidas terapéuticas.

Por ser su área de interés, el otorrinolaringólogo debe contar con una pericia diagnóstica superior para los padecimientos nasales, y el tratamiento antibiótico debe estar fundamentado en su criterio clínico y en los recursos auxiliares de diagnóstico (como la endoscopia nasal). Las dosis y los días de tratamiento se pueden consultar en cualquiera de los artículos ya citados, nosotros daremos una idea de los agentes disponibles hoy, la racionalidad de su uso y de las pruebas de su efectividad, además de sus efectos adversos.

LAS ENFERMEDADES VIRALES

Cerca de 90 % de las infecciones de vías respiratorias superiores de origen viral cursan con inflamación de los senos paranasales, y la mayoría de ellas son causadas por rinovirus, virus sincicial respiratorio, virus de la influenza y coronavirus.

El uso de antivirales como amantadina y rimantadina, que inhiben el encapsulamiento del virus de la influenza, es útil para la profilaxia y el tratamiento de la enfermedad, y han demostrado ser superiores al placebo en el tratamiento de infecciones virales. Los inhibidores de la neuro-aminidasa, uno de los factores patógenos del virus de la influenza, han demostrado ser superiores a la amantadina para el tratamiento de la enfermedad.

Los padecimientos virales son autolimitados y se resuelven por sí solos a los 3 o 5 días con tratamiento o sin él. Es importante señalar que una infección viral de vías respiratorias es un factor predisponente importante para una infección bacteriana, sinusitis u otitis media.

LA SELECCIÓN ANTIBIÓTICA

Cuando se ha documentado la necesidad de un antibiótico, es necesario orientar empíricamente el tratamiento. Cuando se trate de cuadros sinusales complicados o en pacientes con alguna alteración inmunológica, se debe instituir una terapia empírica hasta tener un resultado de cultivo lo más rápidamente posible. Los antibióticos que se emplean con mayor frecuencia se muestran en el cuadro 5.1.

Cuadro 5.1. Antibióticos que se utilizan con más frecuencia en el tratamiento de la sinusitis bacteriana.

Nombre comercial	Laboratorio	Nombre genérico
Penicilinas		
Amoxil	Glaxo-Smith-Kline	Amoxicilina
Augmentin	Glaxo-Smith-Kline	Amoxicilina/clavulanato
Unasyn	Pfizer	Ampicilina
Cefalosporinas		
Cedax	Schering Plough	Ceftibuten
Duracef	Bristol Myers Squib	Cefadroxil
Keflex	Eli Lilly and Co.	Cefalexina
Omnicef	Janssen Cilag	Cefdinir
Quinolonas y fluoroquinolonas		
Avelox	Bayer	Moxifloxacino

Cuadro 5.1. (*Continuación.*)

Nombre comercial	Laboratorio	Nombre genérico
Quinolonas y fluoroquinolonas		
Ciproflox	Bayer	Ciprofloxacino
Tequin	Bristol Myers Squib	Gatifloxacino
Elequine	Janssen Cilag	Levofloxacino
Macrólidos		
Azitrocin	Pfizer	Azitromicina
Klaricid	Abbott	Claritromicina

La prevalencia bacteriana no ha variado mucho en los últimos años, pero sí la sensibilidad de las bacterias a los antibióticos. De un estudio realizado en centros de atención primaria con hisopos estériles tomados en 16 213 pacientes con rinosinusitis, se aisló algún germen en 34 % de los casos. De éstos, los más comunes fueron *Moraxella catarrhalis* (28.9 %), *Haemophilus influenzae* (21.7 %), *Staphylococcus aureus* (17.9 %) y *Streptococcus pneumoniae* (11.35 %). Una vez aislados estos gérmenes, 35 % de las cepas de *S. pneumoniae* fueron resistentes a claritromicina y azitromicina; 36 % de las cepas de *H. influenzae* mostraron resistencia a claritromicina, en tanto que *M. catarrhalis* fue resistente a penicilina en 91.5 % de los casos.

Las quinolonas fluoradas de segunda generación (gatifloxacina y levofloxacina) fueron los antibióticos a los que más sensibilidad presentaron los cultivos. Estos hallazgos son distintos de los registrados por Syndor en 1989, donde se realizó una punción antral para el cultivo y el uso de la vacuna para *H. influenzae* no estaba tan difundido. Por tanto, creemos que es un estimado más aproximado de las condiciones que prevalecen en la actualidad.

LOS AGENTES CAUSALES

M. catarrhalis se encuentra en la flora normal de la nasofaringe; es un cocobacilo gramnegativo altamente resistente a la penicilina; su potencial patógeno se limita a las vías respiratorias superiores e inferiores.

Por otro lado, la nariz es el principal reservorio corporal de *Staphylococcus aureus*, un coco encapsulado grampositivo en forma de lanceta, productor de hemolisinas y catalasa que lo hacen resistente al sistema de radicales superóxido de los neutrófilos y macrófagos. Puede ser también productor de exotoxinas, muchas de sus cepas son resistentes a penicilinas e incluso a meticilina (MRSA), siendo prácticamente la única indicación para el uso de vancomicina. Las cepas MRSA se han asociado a complicaciones orbitarias y ascendentes de senos paranasales.

Las cepas de *Streptococcus pneumoniae* resistentes a penicilina no sólo son resistentes a la acción de los antibióticos betalactámicos por producir enzimas que los degradan, sino por mutaciones de las proteínas de pared, particularmente las PBP (*penicillin binding proteins*), que les añade factores patógenos e invasivos. Incluso se ha documentado que las cepas que cursan con estas mutaciones tienen un potencial mayor de causar enfermedades graves como meningitis y sepsis.

Haemophilus influenzae es un bacilo encapsulado gramnegativo que la mayoría de las veces es productor de betalactamasas. En niños es una causa importante de morbilidad, y por el uso extendido de la vacuna para evitarlo su prevalencia ha disminuido importantemente.

LOS ANTIBIÓTICOS

Fármacos de primera línea

Son dos: *a*) amoxicilina (amoxicilina/clavulanato), y *b*) trimetoprima/sulfametoxazol (TMP/SMX), y siguen siendo el tratamiento de elección para la sinusitis aguda no complicada. *M. catarrhalis* tiene una gran sensibilidad a ambos, al igual que *H. influenzae*, especialmente cuando la amoxicilina se asocia con clavulanato.

La amoxicilina es una aminopenicilina que actúa como el resto de los betalactámicos: inhibe el *ligando* de la pared bacteriana de peptidoglicanos. Es superior a la ampicilina en cuanto a su absorción y penetración en tejidos respiratorios, además de ser activo en contra de gérmenes grampositivos y algunos gramnegativos. Su desventaja es que resulta altamente sensible a la acción de las betalactamasas y a todas las penicilinasas. Este medicamento es bien tolerado y su efecto adverso más común es la anafilaxia en pacientes hipersensibles.

La amoxicilina se puede asociar con ácido clavulánico, que inhibe competitivamente las betalactamasas sin tener una actividad antimicrobiana per se, mejorando significativamente su espectro. La trimetoprima/sulfametoxazol es una mezcla de dos medicamentos bactericidas, ambos son sulfonamidas que inhiben el ensamble de las bases nitrogenadas del ADN bacteriano (selectivamente), en dos pasos consecutivos de su síntesis por antagonismo al ácido fólico.

La resistencia a la mezcla es rara, y el fármaco es muy efectivo contra gérmenes grampositivos y gramnegativos. Se absorbe y tolera muy bien por la vía oral. Sus potenciales complicaciones son el desplazamiento de algunas sustancias de las proteínas plasmáticas por competencia (bilirrubinas en neonatos), lo que puede aumentar los niveles séricos de algunos medicamentos y la epidermolisis tóxica o síndrome de Stevens-Johnson.

Fármacos de segunda línea

Este grupo está constituido por cefalosporinas, macrólidos (azitromicina y claritromicina), clindamicina y quinolonas. Cuando un paciente no responde al tratamiento inicial o sufre una enfermedad recurrente, es necesario usar agentes de segunda línea.

Cefalosporinas de segunda generación

Estos antibióticos, como la penicilina, son también betalactámicos y bactericidas, pero, a diferencia de aquélla, su anillo está conformado por una molécula con seis átomos de carbono. Las cefalosporinas son más estables que las penicilinas frente a las betalactamasas, tienen un amplio espectro de acción y son activas contra gérmenes grampositivos y gramnegativos. La hipersensibilidad cruzada con las penicilinas es de apenas 20 % y carece de significación clínica. Sus riesgos potenciales son enfermedad del suero y anafilaxia.

Macrólidos (azitromicina y claritromicina)

Estos son medicamentos bacteriostáticos que inhiben la síntesis de proteínas por antagonismo de la subunidad ribosomal bacteriana 50s. Aun cuando tanto la azitromicina como la claritromicina son efectivas para el tratamiento de la enfermedad sinusal, la Food and Drug Administration (FDA) no ha aprobado la primera para el tratamiento de la sinusitis. Sus efectos adversos principales son hepatotoxicidad y alteraciones gastrointestinales. Tienen como ventaja que solamente requieren tomarse una vez por día.

Clindamicina

La clindamicina es una lincosamida bacteriostática que inhibe la síntesis proteínica bacteriana por unirse e inactivar la transcripción del ARN en la subunidad ribosomal 50s. Tiene un amplio espectro, principalmente contra gérmenes grampositivos, algunos gramnegativos y anaerobios.

Este fármaco es el agente de elección en pacientes que fueron manejados previamente con algún otro antibiótico y en quienes dicho tratamiento fracasó, o en personas con enfermedad crónica de origen polibacteriano. La clindamicina es especialmente efectiva contra cepas de *S. pneumoniae* resistentes a penicilina.

Quinolonas

Las nuevas quinolonas fluoradas como levofloxacina, trovofloxacina y gatifloxacina han demostrado una excelente penetración en tejidos blandos, con una magnífica tolerancia y mínima resistencia. Son antibióticos bactericidas y actúan por inhibición de la topoisomerasa II bacteriana (ADN girasa); sus efectos adversos incluyen crisis convulsivas en pacientes sensibles y ruptura de tendones. En animales se han asociado con cierre prematuro de cartílago epifisiario, pero esto no se ha documentado en humanos.

Otras combinaciones

Ceftriaxona y Vancomicina

En los casos en los que la infección sinusal ha causado empiemas epidurales o infecciones orbitarias, es necesario iniciar un esquema con vancomicina y ceftriaxona.

La vancomicina es un glucopéptido bactericida que tiene un costo elevado y un alto potencial ototóxico y nefrotóxico; se puede asociar con rifampicina para mejorar su espectro contra *S. aureus* resistente a meticilina. La ceftriaxona es una cefalosporina de tercera generación que tiene principalmente actividad contra microorganismos gramnegativos; es un fármaco bactericida muy bien tolerado.

Por la morbimortalidad de estas condiciones, es imperativo establecer una terapia potente, con toma de cultivos para un adecuado manejo médico y, cuando sea necesario, quirúrgico.

Antihistamínicos y antimuscarínicos

Además de antimicrobianos, los pacientes que sufren sinusitis pueden verse beneficiados con otros medicamentos, algunos de los que mencionaremos enseguida, así como con las pruebas que existen de su uso y las recomendaciones respectivas.

Las células de la capa respiratoria pueden producir moco mediante dos estímulos importantes, a través del receptor histaminérgico H_1 y el muscarínico M_3. Los antihistamínicos de primera generación (como la difenhidramina) son agonistas reversibles totales del receptor de la histamina y ejercen acciones antimuscarínicas débiles, están indicados para el manejo de las enfermedades alérgicas nasales y la descarga retronasal como los agentes más efectivos para su tratamiento; sus efectos indeseables más frecuentes incluyen sedación y somnolencia.

Los antihistamínicos de segunda generación, como la terfenadina, no son tan buenos como antagonistas de la histamina ni de la acetilcolina, pero no causan tanta sedación al no cruzar la barrera hematoencefálica. Un raro efecto adverso es la taquicardia helicoidal, además de la alteración del metabolismo de algunos fármacos.

El uso de antihistamínicos en caso de sinusitis está justificado en pacientes con padecimientos alérgicos de base o descarga retronasal intensa; sin embargo, aun cuando pueden disminuir la congestión y la secreción de moco nasal, producen una secreción más espesa dificultando el transporte mucociliar y favoreciendo la patogénesis de la sinusitis.

El ipratropio, análogo de la atropina, es altamente selectivo para los receptores muscarínicos del tracto respiratorio y está aprobado por la FDA para todo tipo de rinorrea (salvo para fístulas de LCR). Al igual que los antihistamínicos, en los casos de sinusitis puede tener un efecto adverso más que benéfico al no permitir un funcionamiento mucociliar adecuado.

ESTEROIDES NASALES

Existen estudios que han demostrado que el uso de esteroides nasales disminuye el tiempo de convalecencia y hace más rápida la mejoría de los pacientes con sinusitis que los toman, pero ninguno lo ha hecho comparado contra placebo, por lo que su uso es controversial.

Algunos autores han documentado la regresión de pólipos nasales con el uso de mometasona tópica, por lo que se prescribe como un adyuvante importante en el tratamiento de la enfermedad sinusal. Los esteroides nasales son de particular utilidad en pacientes con enfermedades atópicas de base, resultan muy útiles en el control de la hipersensibilidad nasal y son ampliamente seguros.

En nuestro centro de atención médica constituyen un recurso estándar de tratamiento para los pacientes con sinusitis. El uso prolongado de estos fármacos se ha asociado con retraso del crecimiento en los niños, y no hay que soslayar el hecho de que estos compuestos son análogos de la hidrocortisona y, por tanto, pueden tener efectos adversos semejantes, sobre todo en pacientes inmunocomprometidos o que han estado en tratamiento durante un tiempo prolongado.

LAVADOS NASALES CON SOLUCIÓN HIPERTÓNICA MUCOCINÉTICA

Hasta 1998 no se habían realizado estudios que demostraran la ventaja en el uso de lavados nasales con solución hipertónica en pacientes con sinusitis. Se ha documentado que el agua con cloruro de sodio (NaCl) al 5 % favorece la motilidad nasal y sirve como un leve vasoconstrictor de la mucosa nasal. Tomooka demostró una mejoría estadísticamente significativa en la mayor parte de los síntomas que sufren los pacientes con rinosinusitis, al realizar lavados nasales con solución hipertónica.

El ambroxol y la erdosteína favorecen la motilidad ciliar, disminuyen la adhesión bacteriana al epitelio respiratorio y reducen la formación de costras gracias a la hidratación de las secreciones nasales. No existen estudios que demuestren una utilidad en el manejo de la enfermedad sinusal, pero en general se recomiendan para su tratamiento.

VACUNACIÓN

Actualmente existen vacunas contra el virus de la influenza, que pueden proteger hasta cierto grado y de manera indirecta de los cuadros de sinusitis. El virus de la influenza tiene un potencial mutágeno muy alto, por lo que cada año se produce una vacuna que predice las mutaciones que van a ocurrir durante los siguientes 12 meses y se aplica a la población en riesgo. Si bien no previene totalmente la enfermedad por el virus de la influenza, hace que el curso de ésta sea más benigno y que evolucione con más rapidez.

La vacuna de disacáridos de 23 cepas de neumococo y la heptavalente conjugada protegen contra la mayoría de las cepas patógenas al hombre, y han demostrado ser útiles en la prevención de otitis media, neumonía y meningitis por neumococo.

Algunos investigadores han aislado IgA contra la cápsula de polisacárido del neumococo en secreciones paranasales y han encontrado una relación entre las concentraciones de ésta y la enfermedad recurrente, que aun cuando no se ha documentado seguramente esta vacuna, ofrece inmunidad contra la enfermedad sinusal. La recurrencia de enfermedad sinusal no es una indicación para su administración.

La vacuna conjugada de *H. influenzae* B, disponible actualmente, disminuye las complicaciones de infecciones sinusales causadas por este germen y reduce la cantidad de secreción nasal del organismo; es una vacuna que se aplica en toda la población en la mayor parte de los países y gracias a ella la incidencia de infecciones por esta bacteria va en decadencia.

Existen algunos prototipos de vacunas contra *S. aureus* que han probado ser útiles en niños con enfermedad crónica, pero se requieren estudios adicionales para determinar su eficacia.

FACTORES QUE SE DEBEN TOMAR EN CUENTA

Existen alteraciones tales como deformidades anatómicas, discinesias ciliares, fibrosis quística, enfermos con tríada de Sampter, deficiencias de IgA, enfermedad granulomatosa crónica y prácticamente cualquier alteración de la inmunidad celular y humoral, que hacen proclive al individuo de sufrir enfermedad sinusal recurrente. En estos casos, cuando sea posible, debe proveerse al paciente con los recursos necesarios para que su nariz funcione óptimamente y usar antibióticos siempre que sean necesarios.

USO DE CIRUGÍA

Los pacientes en quienes se ha documentado una deformidad anatómica son los que más se pueden beneficiar de nuestra ayuda. La cirugía endoscópica de mínima invasión ofrece en la actualidad excelentes resultados con porcentajes significativos de mejoría y mínimos de recurrencia.

A su vez, el tratamiento antimicrobiano en la sinusitis aguda es de gran importancia, al igual que el tratamiento médico adyuvante, ambos administrados con base en los conocimientos previos de los microorganismos más frecuentes en dicha patología, su antibiograma y resistencias antimicrobianas.

Por lo anterior, es necesaria la publicación sobre estos temas, además de dejar establecidas las normas de tratamiento de primera, segunda y tercera líneas. Como otorrinolaringólogos necesitamos conocer las fases terapéuticas dictadas internacionalmente y aplicarlas a nuestro campo nacional y al tipo de paciente multitratado, como es usual.

Es importante mencionar los fármacos asociados que se emplean en el tratamiento de la sinusitis, tales como esteroides tópicos, antihistamínicos, muscarínicos y soluciones hipertónicas para irrigaciones nasales, ya que sin éstos el tratamiento de la rinosinusitis estaría incompleto y no se lograrían los objetivos.

Finalmente, se debe recordar que existen otros factores del hospedero que hacen proclive al individuo a la enfermedad rinosinusal, siendo los más frecuentes las deformidades anatómicas, disfunciones ciliares y otras como fibrosis quística, inmunodeficiencias, etcétera.

En cuanto al paciente en el cual se haya documentado una deformidad anatómica rinosinusal considerada como factor etiológico de la enfermedad en forma recurrente, éste se beneficiará de la cirugía endoscópica de mínima invasión de nariz y senos paranasales.

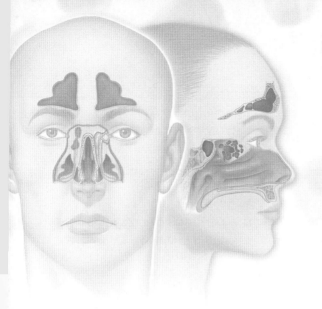

Tratamiento quirúrgico

CUANDO EL TRATAMIENTO MÉDICO FRACASA

En ocasiones, a pesar de seguir un buen tratamiento y realizar correctamente los cuidados médicos, los síntomas continúan y la sinusitis persiste; es decir, los medicamentos fracasaron para controlar el problema. Si su médico le ha recomendado una cirugía para *ventilar y drenar* las cavidades paranasales, ésta quizá sea la mejor opción. Entonces llegará la hora de tomar una decisión.

En general, se tenía el concepto de que la cirugía de los senos paranasales era un procedimiento muy traumático e incómodo, hecho a través de incisiones externas en la piel de la cara que en ocasiones la desfiguraban. El taponamiento utilizado después de las cirugías de nariz constituye una molestia adicional que el paciente se resiste a sufrir.

Sin embargo, desde hace unos 25 años estos procedimientos han cambiado y cada día se perfeccionan más. Desde la introducción de los endoscopios y del microdebridador (aparato motorizado del tamaño de un bolígrafo, que sirve para cortar y aspirar el tejido enfermo de manera muy exacta), la cirugía endonasal (la practicada con endoscopios) es un procedimiento mucho más benigno, pues tiene la ventaja de que se puede realizar a través de las fosas nasales, sin necesidad de efectuar incisiones externas. Por fuera, la estética de la nariz no cambia, a menos que el enfermo lo solicite adicionalmente a su médico, en cuyo caso en ocasiones se puede realizar una rinoplastia en ese mismo momento quirúrgico.

La cirugía endonasal endoscópica es un procedimiento milimétrico encaminado a abrir y descomprimir cada una de las cavidades para-nasales implicadas en el proceso sinusítico. El microdebridador es es-pecialmente útil para eliminar tejidos enfermos como pólipos, quistes, hueso y mucosa. Este tipo de cirugía se ha aceptado ampliamente en el mundo desde 1985, en que por primera vez lo introdujo en Estados Uni-dos el doctor David Kennedy, en la Universidad de Pennsylvania.

Actualmente, hemos extendido la cirugía endoscópica transnasal a otras áreas vecinas muy relacionadas con los senos paranasales. Así, por ejemplo, ahora podemos practicar cirugía de la base del cráneo para extraer tumores cerebrales a través de la nariz, cirugía de las vías lagri-males y de la órbita como descompresiones y resección de tumores intraorbitarios, procedimientos vasculares como clipaje o ligadura de arterias implicadas en sangrados nasales recurrentes y también inter-venciones en la apertura nasal de la trompa de Eustaquio (que comuni-ca la nariz con el oído) en caso de pacientes con enfermedad obstruc-tiva y otitis media recurrente.

Si usted padece sinusitis recurrente, al grado de que se pasa la ma-yor parte del tiempo enfermo y los medicamentos que le prescribe su médico lo alivian durante un periodo corto, para después recaer con los síntomas típicos de la enfermedad, usted es un candidato a cirugía para-nasal. La cirugía se habrá de considerar sólo cuando la causa de la si-nusitis se deba a alteraciones anatómicas, ya sea congénitas o del na-cimiento, o que la propia enfermedad recurrente las haya provocado por el reblandecimiento de las estructuras enfermas.

Los pacientes con riesgo de sufrir superinfecciones, como los inmu-nodeprimidos, o quienes padecen enfermedades cardiacas o renales (trasplantes), y sobre todo los que ya han experimentado una complica-ción de la sinusitis (otitis recurrente, dolor facial, inflamación por ede-ma o absceso periorbitario, meningitis por sinusitis, etc.), deberán anali-zar seriamente la decisión de operarse.

CALIDAD DE VIDA Y SINUSITIS

En última instancia, la decisión la tomará usted junto con su médi-co. El beneficio de operarse o no hacerlo habrá de valorarse y poner las cosas en la balanza. Se debe tener en cuenta que la sinusitis es técnicamente como tener un absceso (colección de pus) en las profundidades de los huesos de la cara, muy cerca del cráneo y a unos milímetros de los ojos. Es un estado tóxico de infección que afecta al organismo y está presente las 24 horas del día durante los 365 días del año y cada año que permanezca sin resolverse. El sistema inmunológico luchará por igual contra este proceso infeccioso y este mecanismo consumirá calorías y proteínas de su cuerpo, lo que llevará a su organismo a una fatiga crónica. Se debe recordar que el síntoma cardinal que más fehacientemente se asocia con una sinusitis desde el punto de vista estadístico es la fatiga.

Piense también en el tiempo que tarda en recuperarse de cada episodio y el número de tratamientos que ha consumido a fin de "paliar" los síntomas en cada episodio.

Cuanto más perciba que la sinusitis está afectando su calidad de vida, mayor necesidad habrá de cirugía.

CUÁNDO SE RECOMIENDA LA CIRUGÍA

El médico se basa primordialmente en la historia clínica, es decir, sus previos y síntomas, así como en los hallazgos de la exploración física. La valoración cuidadosa de los hallazgos de la endoscopia, de los estudios de tomografía y de la resonancia magnética es muy importante.

RECURSOS ACTUALES

Cirugía endoscópica guiada por imagen

La cirugía endoscópica funcional de senos paranasales es hoy día el estándar del tratamiento quirúrgico de una gran variedad de enfermedades de los senos paranasales. Sin embargo, a pesar de la avanzada tecnología y alta resolución de las tomografías computarizadas realizadas en forma prequirúrgica, aún existen complicaciones mayores como ceguera, trauma al sistema nervioso central e incluso muerte como resultado de este tipo de procedimientos quirúrgicos. La cirugía endonasal guiada por imagen es un importante paso para disminuir este tipo de complicaciones. En nuestra clínica la utilizamos desde hace 10 años y en numerosos casos con éxito; las complicaciones se han reducido al máximo en los pacientes (fig. 6.1).

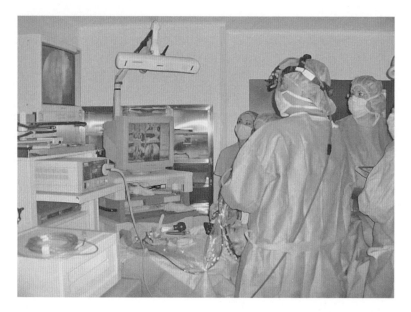

Figura 6.1. Sala de operaciones durante una cirugía de senos paranasales. El cirujano y el ayudante operan con ayuda del monitor, en donde se proyectan las imágenes del interior de la nariz, con ayuda de una microcámara de alta definición. También se observa el equipo de navegación por imágenes de computadora, que posee una antena de cámara infrarroja que proporciona exactitud submilimétrica, sobre todo cuando se trata de localizar estructuras anatómicas durante cierto procedimiento. Este equipamiento es de vital importancia para aumentar la seguridad de actuación del cirujano.

Sistema de imagen guiada por computadora

Cómo se integra este sistema. Se trata del Scan TC, que posee un sofisticado mecanismo de dirección. Incluye aparatos visuales de alta precisión que guían al cirujano en cada paso del procedimiento, sin depender de una visibilidad limitada y ya no más restringida por la vista del endoscopio. El cirujano puede ver la anatomía circundante y las pequeñas distancias mientras lleva a cabo la intervención en el monitor de la computadora.

Cómo trabaja este sistema. El sistema de imagen computarizada funciona con un software y un mecanismo de rastreo electromagnético que ayuda al cirujano a realizar sus procedimientos con la mayor precisión posible. El software del sistema reconstruye un modelo computarizado de la anatomía del cráneo, con la información topográfica tomada en el departamento de radiología antes de la cirugía. Este modelo actuará como un cuerpo tridimensional para el cirujano. El sistema de rastreo muestra a la computadora los instrumentos que se usarán durante la intervención. Los instrumentos aparecerán en el monitor de la computadora como un juego de llaves que se mueven a través del modelo computarizado del cráneo. Esto permitirá ver la ubicación de los instrumentos quirúrgicos y la dirección exacta, con las áreas de la anatomía del cráneo que no podrán verse a través del endoscopio (fig. 6.2).

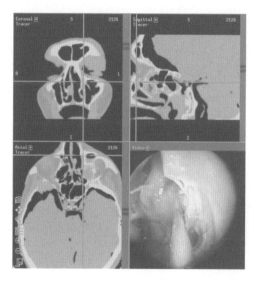

Figura 6.2. Imágenes que se observan durante la operación de senos paranasales, gracias al equipo de navegación por imágenes de computadora que se observan en el monitor del cirujano.

Preparación del paciente. Antes de ir a la sala de operaciones, el paciente visitará el departamento de radiología para los estudios correspondientes. Los resultados de estos estudios son cruciales para recabar información importante que su cirujano requerirá durante la intervención. En radiología se le pedirá retirar todos los objetos metálicos de su cabeza como joyería o anteojos; puede quitarse estos objetos antes de ir al gabinete radiológico. Cuando sus radiografías se hayan tomado se guardarán en el sistema computarizado de imagen guiada, y en el momento de su cirugía estas imágenes serán llevadas a la sala de operación.

En la sala de operaciones. En ésta el paciente deberá llevar una diadema durante la cirugía, que servirá para alinear automáticamente las imágenes computarizadas con su anatomía. Antes de iniciar la intervención quirúrgica, el personal de cirugía colocará la diadema sobre su cabeza y la retirará cuando el procedimiento haya terminado.

Indicaciones y contraindicaciones. El sistema de imagen guiada computarizada está diseñado para su uso en el tratamiento de la sinusitis aguda y crónica de pacientes con deformidades anatómicas, descompresión del nervio óptico, descompresión de la órbita, extracción de pólipos, toma de biopsias, extracción de tumores, curación de la fístula del líquido cefalorraquídeo, alteraciones de la glándula hipófisis y encefalocele.

El sistema de imagen guiada no se debe usar en pacientes con aparatos electrónicos que se conecten directamente con el cerebro o con el sistema nervioso, como implantes cocleares.

CÓMO ELEGIR EL TIPO DE CIRUGÍA

Cuando usted o uno de sus seres queridos recibe el diagnóstico de sinusitis puede ser difícil decidir tratar este padecimiento cuando se requieren ciertos procedimientos quirúrgicos o cuando se necesitan determinadas intervenciones, como cirugía endoscópica del seno maxilar o del etmoides, por ejemplo.

Hay diferentes sistemas que tienen la propiedad de localizar instrumentos a través de tecnologías electromecánicas o electromagnéticas y de interfases ópticas electrónicas o ultrasónicas. El principio que se aplica en los diferentes sistemas es proveer la localización exacta de un instrumento poniéndolo de manera tridimensional en una pantalla en tiempo real. Estos sistemas se diseñaron inicialmente para neurocirugía. Durante tales procedimientos, la cabeza se mantenía completamente fija a un soporte cefálico rígido. En la actualidad existen sistemas de navegación óptica electrónica muy exactos que no requieren que la cabeza se encuentre fija en una misma posición todo el tiempo quirúrgico.

Estos sistemas son los que se utilizan de manera habitual en la cirugía endoscópica endonasal en diferentes centros de todo el mundo. El concepto desarrollado por los investigadores en Jacksonville, Florida, en Estados Unidos, está basado en los datos obtenidos con una tomografía computarizada. Las imágenes se graban en un disco óptico o se transfieren directamente al sistema de computadora instalado en la sala de quirófano a través de Ethernet (fig. 6.3).

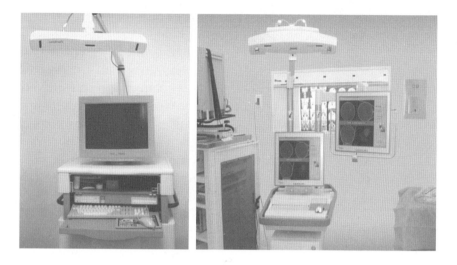

Figura 6.3. Equipo de navegación por imágenes de computadora. En el mercado abundan los equipos que el cirujano puede utilizar: existen los que se basan en la tecnología infrarroja (izquierda) y los de tecnología electromagnética (derecha). La ventaja para el cirujano es la seguridad y exactitud de actuación transoperatoria.

En qué consiste el equipo

Este equipo fotoeléctrico consiste en una cámara con luz infrarroja que permite la presentación de la localización exacta en tiempo real de cualquier instrumento que se esté utilizando dentro de la nariz o de los senos paranasales. Estos instrumentos están equipados previamente con diodos electrónicos, al igual que la diadema, cuya señal es captada por la cámara infrarroja incluida en la antena del navegador.

La representación de estas imágenes en la pantalla de la computadora permite la reconstrucción tridimensional del área quirúrgica al mismo tiempo que la imagen de video obtenida a través del endoscopio. La posición de referencia está constituida por una diadema diseñada especialmente, que se ajusta con comodidad a la cabeza del paciente. Esta diadema está equipada con diodos electrónicos que emiten rayos infrarrojos.

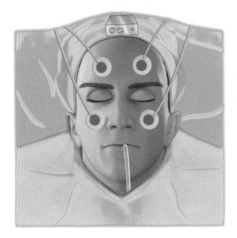

Figura 6.4. Una máscara especial con electrodos (*gliones*) se coloca sobre la cara del paciente. Los gliones, que se colocan en diferentes puntos de la anatomía del paciente, son elementos que el aparato de navegación utiliza para reconstruir en forma más exacta el modelo tridimensional sobre el cual tabaja el cirujano en el transoperatorio.

El sistema permite el movimiento libre de la cabeza del paciente durante la intervención con sedación y anestesia local (fig. 6.4).

El cirujano tiene control absoluto sobre la computadora a través de un tablero diseñado para comunicarse con la computadora a distancia. Durante la cirugía, los puntos de referencia observados en el monitor de la computadora deben ser correlacionados con los marcados en la cara del paciente, tocándolos con la punta del señalador. Una vez registrados, la computadora nos señalará en la pantalla la localización de la punta del instrumento calibrado en la tomografía computarizada. Con el algoritmo diseñado para la computadora por este sistema, los puntos anatómicos durante la cirugía resultan claros y precisos, con una diferencia no mayor a 1 mm.

Experiencia de los autores

La experiencia de los autores ha venido forjándose desde la década de 1980 hasta la fecha. En un estudio realizado por ellos se demostró que durante el periodo de enero a septiembre de 2003, se realizaron 86 procedimientos de cirugía endoscópica endonasal guiada por imagen en 86 pacientes; de los cuales 29 fueron del sexo femenino y 57 del masculino, con una edad promedio de 34 años (rango de 7 a 88 años). En todos los pacientes el procedimiento se realizó bajo los criterios de cirugía endoscópica dirigida y de mínima invasión.

Los diagnósticos preoperatorios de estos pacientes fueron: enfermedad infundibular severa, etmoiditis anterior y posterior, poliposis nasal, sinusitis frontal, estenosis del conducto nasofrontal y cirugía endoscópica de senos paranasales de revisión, entre otros (fig. 6.5).

En este estudio se presentan dos casos que ilustran la utilidad del sistema de navegación en el campo de la cirugía endoscópica nasosinusal.

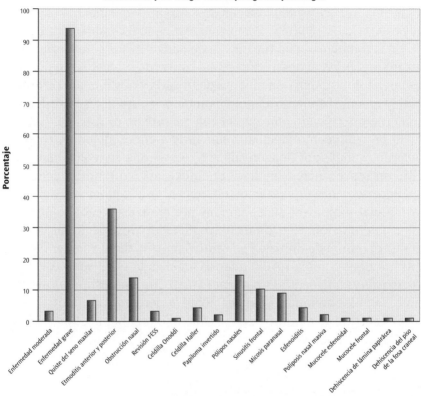

Figura 6.5. Diagnósticos prequirúrgicos de los pacientes sometidos a cirugía endoscópica guiada por imagen.

CASOS CLÍNICOS

Caso 1. Rinosinusitis de más de 20 años

Paciente masculino de 71 años de edad, que tiene como antecedentes de importancia: hipertensión arterial sistémica, en tratamiento médico, y alergia a la penicilina. El paciente acude refiriendo cuadros recurrentes de rinosinusitis durante más de 20 años, cuyo síntoma persistente es descarga posterior de moco, así como cefalea holocraneana tipo opresivo que cedía parcialmente con analgésicos y antiinflamatorios no esteroideos (AINES).

En la exploración física se encontró mucosa nasal con puntilleo blanquecino, congestiva, cornetes medios bulosos bilaterales, enfermedad infundibular por contacto mucoso y desviación septal izquierda anterior; faringe hiperémica y granulosa con descarga posterior mucosa blanquecina y espesa; otoscopia sin alteraciones; exploración neurológica normal.

En la tomografía computarizada de nariz y senos paranasales se demostró lo siguiente: desviación septal izquierda, cornetes medios bulosos, área infundibular con mucosa engrosada y obstrucción de drenaje principalmente izquierdo, etmoiditis anterior y posterior, seno esfenoidal izquierdo opacificado con ampliación del orificio de drenaje.

El procedimiento efectuado fue cirugía endoscópica de senos paranasales guiada por imagen (fig. 6.6), en la que se realizó medialización de los cornetes medios, uncinectomía, infundibulectomía y ostiumplastia, marsupialización del Agger-Nasi, exploración del receso nasofrontal, etmoidectomía anterior y posterior, así como esfenoidectomía izquierda, donde se tomó cultivo de tejido de aspecto micótico; se amplió el ostium de drenaje y se verificó integridad de paredes óseas. El informe de patología reveló micosis localizada en el seno esfenoidal (*Aspergillus fumigatus*). El paciente cursó con un posoperatorio favorable, remitiendo tanto la cefalea como la descarga posterior.

El paciente se mantuvo con un tratamiento antimicótico sistémico durante dos semanas.

Caso 2. Asma con obstrucción nasal

Se trata de paciente femenina de 38 años de edad, quien cuenta con los siguientes antecedentes de importancia: es alérgica a los AINES, se le realizó polipectomía hace cuatro años y tiene historia de asma bajo control médico. Ella acude por presentar obstrucción nasal bilateral constante, descarga posterior, anosmia, cefalea e incremento en la frecuencia de las crisis de asma.

En la exploración física encontramos poliposis nasal masiva, obstruyendo ambas fosas nasales, septum lineal anterior, no se visualizan infundíbulos, nasofaringe sin presencia de pólipos, faringe posterior hiperémica y granulosa con descarga posterior mucosa blanquecina, otoscopia

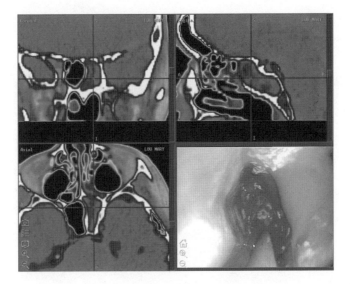

Figura 6.6. Imagen en pantalla de senos paranasales mediante la cual el cirujano se guía al practicar una cirugía endoscópica. Aquí se observa el seno esfenoidal opacificado con tinción azul-verdosa, que sugiere micosis. Asimismo se observa tejido blanquecino-amarillento, también de origen micótico. La punta del instrumento (aspirado) se localiza en las reconstrucciones tomográficas en modalidad *Rainbow*.

normal, campos pulmonares bien ventilados sin agregados. Se integra un diagnóstico de tríada de Sampter.

En la tomografía computarizada de nariz y senos paranasales se encontraron los siguientes hallazgos: pansinusitis, senos paranasales ocupados por tejido polipoideo, septum funcional, ambos recesos nasofrontales, etmoides anterior y posterior, senos maxilares ocupados y engrosamiento de mucosa esfenoidal.

Se realizó una rinomanometría, que mostró patrón obstructivo bilateral. Las pruebas de olfato indicaron también anosmia, obteniéndose 0 % en ambos lados. Se llevó a cabo cirugía endoscópica funcional de senos paranasales guiada con imagen, en la que se realizó polipectomía, uncinectomía, infundibulectomía, ostiumplastia maxilar, etmoidectomía anterior y posterior, marsupialización del Agger-Nasi y exploración del receso frontal con resección de tejido polipoideo, turbinoplastia inferior con resección submucosa.

La paciente tuvo un periodo posoperatorio satisfactorio con mejoría importante de la capacidad ventilatoria, y se mantuvo con tratamiento a base de mometasona tópica y montelukast durante dos meses. En la actualidad se encuentra totalmente asintomática (fig. 6.7).

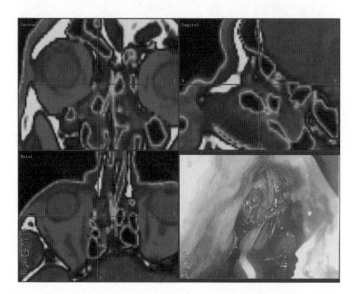

Figura 6.7. Cirugía endoscópica guiada por imagen. En la pantalla se observa, en los senos paranasales, pansinusitis y fosas nasales ocupadas por tejido polipoideo. En la visión endoscópica (abajo derecha) se observa tejido polipoideo del receso nasofrontal derecho, una vez eliminado el tejido polipoideo de dicha fosa nasal. La punta del instrumento (aspirado) se localiza en las reconstrucciones tomográficas en modalidad *Rainbow*.

CONCLUSIONES

En la bibliografía mundial se han dado a conocer algunas complicaciones mayores durante el proceso quirúrgico, especialmente en cirugías de revisión, sobre todo en pacientes donde los puntos de referencia faltan o están perdidos por cirugías realizadas previamente, y donde se han eliminado diversas estructuras anatómicas. Dentro de los riesgos del uso de la cirugía guiada por imagen se encuentran la radiación extra que se requiere para hacer el estudio tomográfico necesario para la reconstrucción del modelo tridimensional y el costo que representa el uso de dicha tecnología.

Sin embargo, la radiación extra a la que se somete el paciente es mínima y muy lejana de la mínima dosis requerida para la formación de cataratas (menos de 50 %). Dentro de los beneficios que nos da el uso del sistema de navegación asistido por computadora está la gran cantidad de información quirúrgica adicional que se obtiene con las reconstrucciones, lo cual conlleva a una cirugía más eficiente y reducción en los riesgos transquirúrgicos.

Asimismo, en los casos en que el sangrado transoperatorio es un problema, y donde las referencias quirúrgicas se han perdido o están obstruidas por una neoplasia, es de gran ayuda contar con este sistema de guía para una orientación. Diferentes autores han considerado que el empleo de la navegación asistida por computadora reduce el porcentaje de complicaciones a menos de 1 % para la cirugía endonasal.

En otra serie registrada por el autor hace unos 10 años, cuando aún se realizaba cirugía endoscópica de senos paranasales sin ayuda de la navegación, el número de complicaciones observadas fue de 1.3 % (tres casos), dentro de los cuales hubo dos casos de penetración en la lámina papirácea del etmoides durante la infundibulectomía en la fase transoperatoria, así como un caso de neuralgia facial posquirúrgica en un paciente, la cual remitió posteriormente. En cuanto al porcentaje de enfermos que requirió una revisión, correspondió a 5.8 % (14 pacientes).

Nosotros utilizamos de manera habitual el sistema de imagen guiada por computadora para la reducción de riesgos, llegando así a no tener complicaciones durante el periodo transoperatorio en ninguno de nuestros pacientes. Los casos de revisión posquirúrgica se reducen también a menos de 2 %.

Los sistemas de navegación asistida por computadora proporcionan al otorrinolaringólogo instrumentos sofisticados para disminuir la morbimortalidad asociada con la cirugía endoscópica funcional de senos paranasales. Conforme mejore la tecnología y los cirujanos se encuentren más familiarizados con el uso de ésta, deberá haber menos complicaciones perioperatorias y mejores resultados posquirúrgicos. Además, debe tenerse en cuenta que estos sistemas no son sustitutos de los cursos tradicionales de disección ni del estudio y entendimiento minuciosos de la anatomía de la región de los senos paranasales y sus alrededores.

Las ventajas del uso de esta tecnología para referir los instrumentos durante el procedimiento son muchas y ayudan a disminuir al máximo las posibilidades de complicaciones que pueden aparecer durante una cirugía endoscópica complicada o durante un proceso quirúrgico de revisión en donde las estructuras anatómicas están distorsionadas o faltan.

7

Dolor de cabeza de origen nasal

INTRODUCCIÓN

El dolor de cabeza o *cefalea* es un síntoma frecuente que molesta al enfermo; además, constituye un reto para el médico debido a la naturaleza tan abrumadora que en ocasiones dicho síntoma puede tener, sobre todo por la habilidad que se requiere para diagnosticar con detalle la causa específica y por los problemas adicionales que en muchos casos produce la automedicación.

El diagnóstico requiere un abordaje multidisciplinario, ya que la gran variedad de causas de la cefalea son multifactoriales, que pueden ir desde un simple dolor de cabeza tensional, migraña, espasmo facial y dolor de la articulación temporomandibular, hasta la presencia de tumores benignos o malignos. El dolor de cabeza puede permanecer durante tiempo indefinido al no ser diagnosticado adecuadamente a pesar de haber hecho un examen detallado y de diseñar una serie de estudios para su diagnóstico.

Hay gran cantidad de casos de cefalea que son infravalorados y mal diagnosticados. Muchos de ellos son de origen rinógeno o sinugénico, lo que comúnmente es una causa poco sospechada en la evaluación preliminar.

ENDOSCOPIA NASAL

La endoscopia nasal moderna y su asociación con la tomografía computarizada de senos paranasales han abierto un nuevo campo, inaccesible hasta hoy en diversas áreas o nichos que están dentro del complejo frontoetmoidal y del seno etmoidal, que pueden causar dolor de cabeza.

A veces se diagnostican pequeñísimas lesiones o variantes anatómicas que son muy difíciles de detectar clínicamente o a través de radiografías convencionales, que pueden estar presentes en las paredes de la intrincada anatomía del etmoides. Dichas alteraciones pueden desencadenar una cefalea de origen nasal y constituir una especie de dispositivo que activa el dolor de cabeza entre los ojos y en la frente.

El desarrollo de áreas de contacto marcadas en la mucosa nasal, en las superficies interiores de la nariz, debido a variantes anatómicas o deformidades causadas por la enfermedad crónica rinosinusal, es la causa más común del dolor de cabeza en nuestros pacientes.

Como se ha dicho anteriormente, la identificación y el diagnóstico completo de estos casos habrán de lograrse a través de la endoscopia nasal diagnóstica y de la tomografía computarizada. Muchos de los pacientes se pueden beneficiar mediante una cirugía de mínima invasión endoscópica endonasal, que habitualmente va a proveer un alivio ostensible del dolor de cabeza y de la sintomatología asociada que el enfermo ha padecido durante meses o años.

HALLAZGOS EN NUESTRA PRÁCTICA PRIVADA

En un estudio realizado por nosotros en nuestra clínica, después de revisar 62 pacientes con síntomas de cefalea a través de endoscopia nasal, en 21 % (13 casos) de ellos encontramos una superficie mucosa patológica recubriendo el interior de la nariz, y en 47 % (27 casos) hallamos una deformidad patológica de la anatomía de la pared lateral de la nariz.

Las deformidades que se encontraron con más frecuencia en estos pacientes fueron: *a*) bula etmoidal grande y muy crecida (4 casos); *b*) proceso unciforme muy prominente (4 casos), y *c*) cornetes medios paradójicos, es decir, cornetes con curvatura anormal que compriman el complejo ostium-meatal (1 caso).

Después de realizar en estos pacientes una infundibulectomía con una etmoidectomía anterior y disección o reconformación del cornete medio, se logró reducir el contacto mucoso en las superficies y ayudar al drenaje de las cavidades implicadas, como el etmoides y el seno frontal. En algunos de ellos se encontraron pólipos, que fueron resecados, o una mucosa hiperplásica que comprimía estructuras relacionadas con terminaciones nerviosas sensitivas dentro de las cavidades de los senos paranasales.

SINUSITIS Y CEFALEA

Como el lector podrá corroborar, la sinusitis es una de las causas más comunes de cefalea y constituye uno de los síntomas que propicia la consulta del paciente con el médico otorrinolaringólogo.

A pesar de que tal molestia es uno de los síntomas más antiguos descritos en la bibliografía mundial, ya que se encuentran hallazgos de disecciones desde hace mucho tiempo, en la actualidad el manejo continúa siendo un dilema y todavía se desconoce la etiopatogénesis o la causa específica de cada uno de estos dolores de cabeza.

En 1988, la Sociedad Internacional de Cefaleas elaboró una clasificación de este síntoma y se formó un comité específico para evaluar los criterios diagnósticos tan amplios que había en ese momento, con el fin de etiquetar cada una de las enfermedades que desencadenan dolor de cabeza y de cara. Esta clasificación se utiliza actualmente para fines de investigación y para mantener uniformidad en los diagnósticos de criterio. Así, la cefalea se clasificó en primaria y secundaria, y dentro de éstas quedaron incluidas las cefaleas agudas, subagudas y crónicas.

Los dolores de cabeza de origen primario son comúnmente el tipo de dolor que no se puede clasificar. En cada uno no se puede llegar a conocer la causa, a pesar de haber detallado al máximo la sistemática del examen por parte del médico general, el oftalmólogo, el dentista, los neurólogos y los otorrinolaringólogos. En consecuencia, el tratamiento de este tipo de cefalea es difícil y puede causar muchas molestias al paciente.

Los dolores de cabeza secundarios representan aquellos en los cuales hay una causa obvia diagnosticada mediante endoscopia, tomografía o análisis neurológico del paciente; por ejemplo, neuralgia del trigémino o compresión de algún otro nervio periférico de la cara.

CEFALEA DE ORIGEN SECUNDARIO

La cefalea desencadenada por oclusión del complejo ostium-meatal o por alguna compresión anatómica del interior de la nariz, consiste en un dolor de cabeza de origen secundario que generalmente tiene que ver con la compresión de estructuras neurales por estas deformidades anatómicas, así que al aliviar tales imperfecciones por medio de cirugía el dolor de cabeza desaparecerá (fig. 7.1).

a)   *b)*

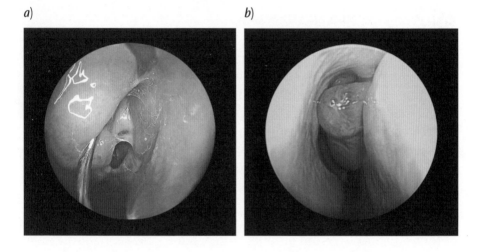

Figura 7.1. Imágenes de la fosa nasal izquierda de dos distintos pacientes con dolor de cabeza de origen nasal: *a)* paciente con sinusitis; *b)* paciente con un pólipo inflamatorio.

En estos casos, la endoscopia invariablemente se habrá de complementar con una tomografía detallada de las estructuras anatómicas. Una vez que la estructura anatómica implicada o el área patológica de la pared lateral de la nariz sea delineada y se diagnostique correctamente, se podrá llevar a cabo un tratamiento conservador de resección de estas zonas siguiendo la técnica de cirugía endoscópica general endonasal en la que algunas de las metas serán la ventilación de las cavidades nasales, la apertura y el desbloqueo de los sitios de drenaje de los senos paranasales.

La localización y la cualidad del dolor (esto es, pulsátil, continuo o lancinante) proveen datos valiosos para llegar a un diagnóstico correcto.

Existen diversos patrones de localización que son típicos de diferentes causas de dolor de cabeza, los cuales sirven al médico para orientarse, localizarlo y prevenirlo (fig. 7.2). Por lo anterior, es muy importante que el lector ponga mucha atención en las posibles características de su dolor para ayudar a su médico.

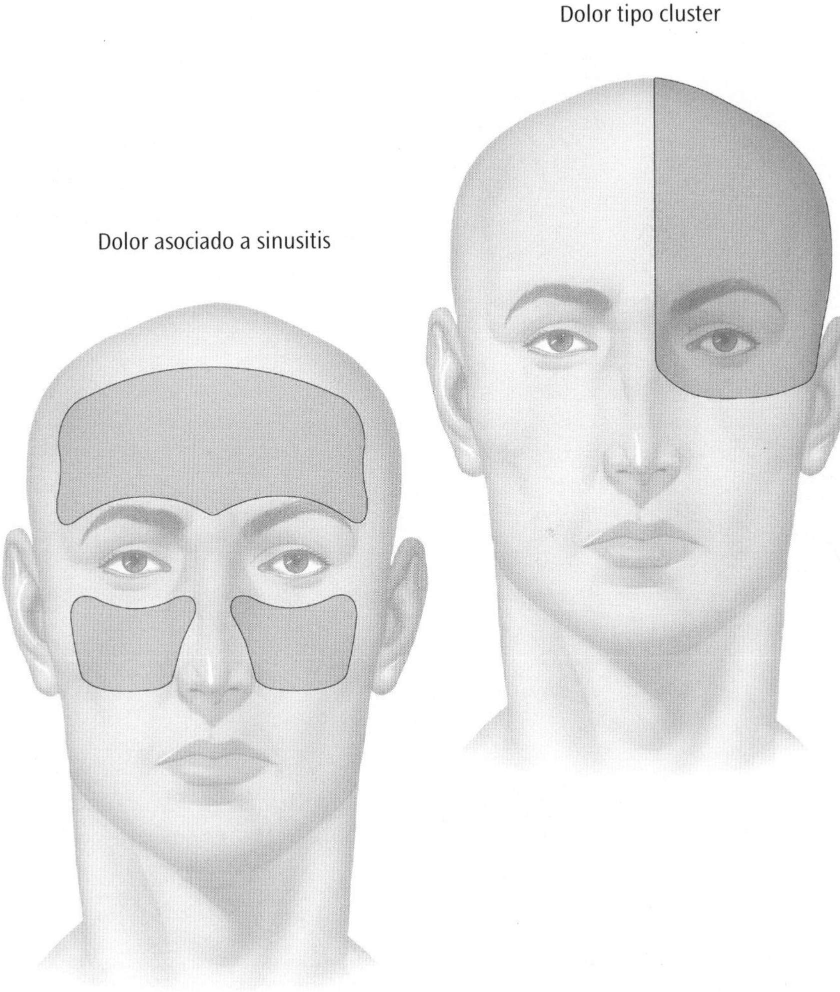

Dolor tipo cluster

Dolor asociado a sinusitis

Figura 7.2. Diferentes tipos de dolor de cabeza y su localización típica (zonas sombreadas).

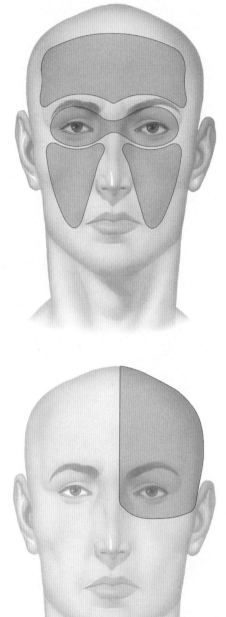

Dolor causado por problemas
en los senos paranasales

Dolor tensional

Dolor migrañoso

Figura 7.2. (*Continuación.*)

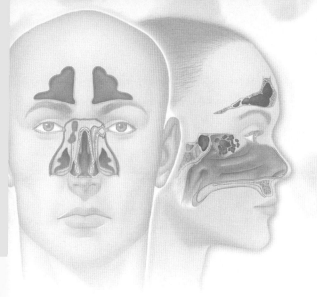

Tratamientos opcionales

IRRIGACIONES NASALES

A menudo, las tradiciones ayurvédicas –como el yoga– han recomendado las irrigaciones nasales con soluciones hipertónicas como una terapia conjunta de la rinosinusitis y de los síntomas sinusales para lavar la cavidad nasal, facilitando la evacuación de los alergenos irritantes que potencialmente pueden hacer daño a las cavidades nasales.

Desde el punto de vista médico, en la actualidad existen numerosos estudios científicos, controlados y aleatorios, que sugieren que tales irrigaciones son un método seguro y tolerable para el manejo de la sinusitis y de los síntomas sinusales. Estos estudios han registrado mejoría en la calidad de vida del paciente, sobre todo en la disminución de la sintomatología.

Se ha observado que los lavados nasales con soluciones salinas al 2 % se asocian con una gran satisfacción por parte del paciente, incrementando su calidad de vida y disminuyendo la cantidad de antibióticos y el uso de aerosoles (*sprays*) nasales (aquellos que necesitan para mejorar los síntomas).

Sin embargo, hay mucho por hacer en la educación del paciente para realizar un buen lavado con soluciones hipertónicas de la cavidad nasal, de lo que dependerá también el éxito de esta terapia opcional.

Por otra parte, existen numerosas barreras que han informado los mismos pacientes para realizar un tratamiento continuo de irrigaciones nasales con soluciones hipertónicas. Estas barreras incluyen el miedo a sensaciones iniciales poco placenteras por efecto del agua dentro de la cavidad nasal y el tiempo que necesitan para hacer estos lavados.

Además, en ocasiones, algunas personas pueden experimentar efectos secundarios mínimos, como la sensación de quemadura nasal o irritación, lo que puede ser suficiente para que detengan su tratamiento con irrigaciones nasales.

Es recomendable seguir varias estrategias con el paciente a fin de eliminar estos efectos secundarios; por ejemplo, disminuir la salinidad del producto o agregar agua un poco más tibia. Esto ayudará a tener una mejor participación respecto de estos tratamientos. Las irrigaciones nasales tanto en niños como en adultos son efectivas para eliminar las secreciones nasales recurrentes, los estornudos y las alergias que al final pueden resultar en sinusitis.

Enseguida se describe la técnica de irrigación nasal para niños mediante el llamado método de Proetz, que es muy seguro y recomendable a partir de los 18 meses de edad:

1. Ponga al niño bocarriba, sobre las piernas del padre.
2. Incline la cabeza del niño unos 15° hacia abajo para que quede un poco colgante en relación con el resto de la línea del cuerpo.
3. Con un cuentagotas instile varias gotas de solución salina o de suero salino (son productos que se encuentran en farmacias y tiendas de autoservicio) dentro de cada fosa nasal. La cantidad de un gotero para cada fosa nasal es normalmente útil.
4. Aspire con una perilla de plástico del número 6 (se vende en las farmacias), utilizando la punta de la perilla para "sellar" la nariz mientras oprime la fosa nasal contraria para ocluirla con los dedos.
5. Continúe y repita varias veces aspirando el exceso de la secreción y de la solución salina que salga por cada fosa nasal en un acto de bombear y succionar el moco de las fosas nasales.

En muchos casos, este tipo de irrigaciones son suficientes para reducir notablemente la necesidad de utilizar antibióticos y la posibilidad de efectuar una adenoidectomía.

Cabe recordar que el escurrimiento de moco –siempre infectado– de la nariz a la garganta es un foco de diseminación del proceso infeccioso hacia la garganta. Así que manteniendo la nariz lo más limpia posible se reducirá la posibilidad de infección secundaria hacia esa región.

Durante muchos siglos, la medicina tradicional antigua, conocida popularmente como "alternativa", ha sido útil a los médicos para apoyarse en el tratamiento de las diversas enfermedades, y la sinusitis no se ha escapado de esto.

Actualmente existen muchos médicos escépticos a este tipo de tratamientos, pero la verdad es que la medicina "alternativa" puede llegar a ser de ayuda en el tratamiento de la sinusitis. Sin embargo, hay que dejar bien claro que estos tratamientos opcionales quizá no curan la enfermedad sinusítica como tal, pero sí ayudan a aliviar los síntomas de los pacientes y harán que éstos se sientan mejor. En todo caso, no contribuirán a empeorar la sinusitis (fig. 8.1).

Figura 8.1. Los lavados con sustancias antisépticas se recomiendan sólo por prescripción médica. En algunos casos se utilizan durante el posoperatorio de una sinusitis persistente.

Antiguamente, muchos pueblos como los romanos y los griegos adoptaron ciertas ideas que contribuyeron con la experimentación mediante tratamientos herbales y otros remedios, con lo que les llegó la idea de que la limpieza de las cavidades nasosinusales propiciaba una mejor sensación o mejor calidad de vida. Desde entonces nacieron las irrigaciones nasales para eliminar estas infecciones.

A partir de entonces se propició, en la medida de lo posible, el consumo de líquidos, preferentemente agua, recurriendo también a infusiones de té o jugos de frutas. Además, se recomendaba dormir con la cabeza ligeramente más elevada que el resto del cuerpo e inhalar vapores de eucalipto.

En la Época Moderna, durante la década de 1970, se aconsejó incrementar el consumo de alimentos que poseen vitamina C, como los cítricos, el kiwi, el pepino, etc., o consumir remedios homeopáticos, como la tintura de cebolla, que en algunos casos pueden dar buenos resultados, aunque siempre es recomendable consultar al médico homeópata si han de utilizarse tales productos. Estos tratamientos opcionales obviamente tienen ventajas y desventajas.

Si usted nunca ha utilizado ese tipo de terapias, es importante tener en cuenta que la eficacia de tales tratamientos complementarios ha sido escasamente comprobada desde el punto de vista científico. Por tanto, es conveniente hablar de ellas con su médico, sobre todo en aquellos casos en que ciertos compuestos que se encuentran en algunas hierbas pueden ser contraproducentes o adversos al mezclarse con los medicamentos alópatas.

HIDROTERAPIA

La hidroterapia consiste en la utilización de agua en diversas formas, desde hielo hasta vapor, para mejorar la salud. Las compresas frías causan vasoconstricción de arterias y venas, lo que ayuda a controlar el sangrado interno causado por la inflamación y a reducir los tejidos inflamados. De manera inversa, la inhalación de vapor caliente puede ayudar a reducir el dolor que genera un proceso sinusítico, al incrementar el flujo sanguíneo y generar vasodilatación, mejorando el drenaje de las cavidades, sobre todo cuando existe dolor de cabeza o congestión.

Calor húmedo

Muchos pacientes pueden encontrar una mejora de sus síntomas si utilizan compresas de calor húmedo en la cara o en la cabeza, una o dos veces por día, procedimiento que está indicado en caso de una crisis sinusítica. Este remedio es simple y económico, y puede traer un gran beneficio al paciente; es útil para quitar o disminuir el dolor y mejorar el drenaje de las áreas sinusales, especialmente de los senos maxilares.

Si se desea lograr mejores resultados con este procedimiento, la forma efectiva de administrar calor húmedo puede ser la siguiente:

- Cuando se bañe en la regadera, con agua tibia o caliente, inhale el vapor del agua para humidificar las cavidades nasales y disminuir la viscosidad del moco.
- Utilice toallas mojadas en agua caliente y colóquelas en el área frontal o en los ojos; haga lo mismo debajo de ellos para estimular los senos maxilares y etmoidales. Esta práctica le puede ser útil para disminuir el dolor o la sensación de opresión de estas cavidades.
- Utilice también compresas que generan calor húmedo (se expenden en las farmacias), las cuales se aplican específicamente sobre las áreas sinusales.
- También puede utilizar una bolsa para agua caliente en las áreas afectadas.

Una vez que se ha hecho un hábito la utilización del vapor de agua durante 15 minutos mediante compresas, con los métodos antes mencionados, se notará su utilidad, sobre todo si ha sido constante durante una o dos semanas.

Vapores de sustancias aromáticas

Cuando los senos paranasales están realmente congestionados y la nariz obstruida, se puede calentar un poco de agua en un recipiente y, una vez que está hirviendo, apartarla del fuego, agregarle algunas gotas de algún compuesto aromático como mentol o eucalipto y hacer inhalaciones.

Esto puede ayudar a descongestionar rápidamente la nariz, aliviar los dolores de cabeza y respirar, sobre todo en la noche antes de irse a dormir. Las inhalaciones pueden hacerse durante 10 minutos y repetirse tres veces por día. También puede ser útil agregarles hierbabuena, menta, alcanfor o canela, o bien, el típico remedio casero de agregar al agua hirviente una o dos cucharadas de Vick Vaporub®.

TERAPIA HERBAL

Aun cuando sabemos que las hierbas han sido, y todavía son, una parte principal de las prácticas de la medicina indígena en todo el mundo, se debe tener cuidado al consumirlas, pues la mayor parte de las veces no hay estudios científicos y bien llevados que comprueben que esos tratamientos puedan curar la enfermedad sinusítica. Así que debemos ser muy cuidadosos en el momento de utilizar esas terapias a base de vegetales.

En algunas ocasiones tales productos se venden como suplementos alimenticios en los cuales la pureza de su contenido puede diferir de uno a otro; además, es posible que no estén bien estandarizados, por lo que su efectividad también puede variar. Asimismo, estos productos pueden diferir de una marca a otra tanto en la calidad como en la cantidad o en la fuerza y la pureza.

Dentro de los productos herbales que más se conocen para aliviar los síntomas sinusales se hallan los siguientes:

Bromelina. Este es un compuesto presente en las piñas, y que reduce la inflamación. Existen algunos estudios realizados desde 1960 que han demostrado que los pacientes que han tomado tabletas de bromelina, asociadas con algún antibiótico, registraban mayor beneficio y mejoría de sus síntomas, como reducción de la inflamación nasal, del drenaje del moco y de la congestión, que aquellos pacientes que sólo tomaban un antibiótico sin bromelina.

Equinácea. Siempre se ha pensado o se ha sabido que esta hierba aumenta o potencia el sistema inmunológico y ayuda a prevenir infecciones; es uno de los productos más populares que se han utilizado mundialmente para reducir los síntomas y la duración de los resfriados o de las enfermedades respiratorias.

Algunos estudios de laboratorio sugieren que la equinácea aumenta la replicación de los linfocitos T en el organismo, los cuales son células útiles para combatir las infecciones. Sin embargo, hay otras investigaciones científicas clínicas que han sugerido que la eficacia de la equinácea es muy limitada y, por tanto, han registrado resultados mixtos de malos resultados contra buenos resultados.

Otros productos herbales. En el mercado hay productos herbales que no sólo ayudan a disminuir los síntomas de la sinusitis sino que pueden llegar a interferir con algún factor de la coagulación y, por tanto, interactuar con otros medicamentos. Por ello, debemos tener mucho cuidado, especialmente si dichos productos contienen ajo, jengibre, ginko biloba o ginseng, los cuales pueden aumentar los sangrados. Estos vegetales pueden inhibir el funcionamiento de las plaquetas, que son elementos celulares de la sangre necesarios para la coagulación de ésta.

Por lo anterior, es conveniente estar alertas, sobre todo si el paciente va a ser sometido a un procedimiento de cirugía de senos paranasales, en cuyo caso deberá suspender el uso de tales productos.

ACUPRESIÓN Y REFLEXOLOGÍA

La acupresión es una terapia muy conocida desde la Época Antigua como un tratamiento opcional; fue descubierta antes que la acupuntura, que por cierto utiliza los mismos puntos de aplicación. Este método no invasivo de terapia de masaje se realiza con los dedos o con algún instrumento duro en forma de pelota.

Con este tipo de terapia se estimulan los puntos "gatillo", que se han descrito desde épocas ancestrales como aquellos puntos de nuestro cuerpo que, al ser presionados, permiten la liberación de energía desbloqueando los "ki". En este método se utilizan las manos en vez de las agujas. Lo que se busca con esta terapia, al igual que con la reflexología, es desbloquear los canales de energía.

Así, al ejercer presión en los diferentes puntos por encima de los senos paranasales, en la cabeza o en el cuello, el propósito es aliviar el dolor y aumentar el drenaje de estas cavidades. Mientras algunas personas pueden encontrar que la acupresión alivia sus síntomas de dolor, es importante advertir que dicha técnica se debe utilizar con precaución, ya que si alguna terminación nerviosa sensitiva es presionada fuertemente contra el hueso de la cara, de la cabeza o de algún canal de hueso de salida de estos nervios, se puede cortar la circulación sanguínea alrededor de ellos y causar alguna neuralgia.

ACUPUNTURA

Esta práctica china, usada desde hace varios siglos, se basa en la hipótesis de que la salud física y mental depende del flujo natural de la energía o *skui* (se pronuncia chee). Cuando este flujo de energía se bloquea sobreviene la enfermedad y el dolor, incluyendo la sinusitis y el dolor sinusal. Así que la intención de la acupuntura puede mejorar o aliviar este bloqueo y proveer salud de estas zonas bloqueadas.

Un acupunturista inserta una aguja muy fina y estéril a través de la piel a lo largo de varios meridianos que siguen un mapa preestablecido de estas zonas álgidas. La colocación de las agujas en ciertos puntos, particularmente aquellos que están a los lados de la nariz y en los pliegues de la mano, entre el dedo índice y el anular, constituyen los puntos que se piensa son los más efectivos para tratar la enfermedad sinusal. Algunos pacientes que han utilizado este método de acupuntura han informado sin duda disminución de las molestias faciales o del dolor de cabeza asociado con la sinusitis, aun cuando los medicamentos alópatas no han funcionado.

Un pequeño porcentaje de pacientes han informado que la acupuntura ha ayudado a la descongestión y al drenaje de las secreciones; sin embargo, es necesario mencionar que la acupuntura, así como otros tratamientos alópatas, "alternativos" y homeopáticos, han de ser aplicados por expertos en la materia y no por charlatanes, para obtener el mayor beneficio.

COMPLEMENTOS NUTRICIONALES

La vitamina C y el zinc son los dos suplementos nutricionales que más se han utilizado para prevenir los procesos infecciosos. Las investigaciones en esta área se han enfocado básicamente en el tratamiento de los resfriados comunes o de las crisis sinusíticas, en los que se ha observado que los periodos de infección se han reducido en tiempo; sin embargo, no se conoce el mecanismo específico de cómo funcionan tales suplementos, aunque ya desde 1970 el Premio Nobel de Química, Linus Pauling, fue el primero en recomendar la utilización de grandes dosis de vitamina C ante los primeros signos de un resfriado. En ocasiones esto puede ser efectivo, pero en otros puede que no lo sea.

Las propiedades del zinc para reducir las infecciones han sido importadas a través de información o de datos obtenidos de diversos estudios. Este producto se ha utilizado en pomadas nasales, las cuales sí han demostrado que pueden reducir la duración de los resfriados si se utilizan desde 24 horas antes del inicio de los primeros síntomas.

La mayor desventaja de esta preparación es que se tiene que aplicar directamente en la nariz durante una o dos semanas para ser efectiva. Hay muchos productos asociados con el zinc, en forma de tabletas o preparaciones orales, para reducir estos síntomas; sin embargo, su utilidad total no se ha demostrado científicamente.

MEDICINA HOMEOPÁTICA

Desarrollada desde hace dos siglos por el médico alemán Samuel Hahnemann, la homeopatía se basa en el principio de "como si curara". En otras palabras, se emplea la misma sustancia, pero en dosis más pequeñas que las utilizadas por la medicina alopática. En muchas ocasiones, los tratamientos homeopáticos típicamente proporcionan al paciente un medicamento (o una combinación de medicamentos) altamente diluido, y están diseñados para mejorar los síntomas. Sin embargo, ha de considerarse que este tipo de medicamentos no son curativos de la enfermedad sinusal sino que son útiles para mejorar o disminuir los síntomas.

En Estados Unidos, por ejemplo, la práctica homeopática está regulada y las medicinas homeopáticas deben ser aprobadas por la FDA, lo cual no sucede en México.

9

Los cornetes y su papel en la sinusitis y obstrucción nasal

¿QUÉ SON LOS CORNETES?

Es muy común enterarse de personas a quienes, una vez diagnosticado su problema de cornetes, su médico le ha dicho que éstos se encuentran muy crecidos o hipertróficos, motivo por el cual tiene problemas de obstrucción nasal.

En términos sencillos, los cornetes son estructuras tubulares y eréctiles que se encuentran en el interior de las fosas nasales, a ambos lados del tabique nasal, en la zona conocida como pared lateral nasal. A menudo existen tres cornetes de cada lado, denominados cornetes inferiores, medios y superiores debido a su localización anatómica. En ocasiones es posible encontrar otro par de cornetes muy pequeños llamados cornetes supremos, los cuales se ubican por arriba de los cornetes superiores y muy cercanos a la base del cráneo.

Los cornetes de mayor tamaño y los que con mayor frecuencia se encuentran involucrados en problemas de obstrucción nasal son los cornetes inferiores; los cuales ocupan un espacio que comienza apenas a un centímetro de la entrada de las fosas nasales y terminan en la región más posterior, cerca de la unión de la nariz con la faringe superior (nasofaringe) conocida también como área coanal.

FUNCIÓN DE LOS CORNETES

La función de estas estructuras es de suma importancia ya que tienen un papel fundamental en el calentamiento y humidificación del aire, así como en la filtración de las partículas que entran a las fosas nasales y en el transporte de secreciones (moco). Al microscopio, estos cornetes se encuentran cubiertos por un epitelio respiratorio el cual posee unas finas estructuras denominadas cilios, que se encargan de "barrer" y transportar el moco, las secreciones y las partículas que se encuentran en el interior de la nariz y las llevan hacia la región más posterior y superior de la garganta (nasofaringe), para que éstas luego sigan su paso por las regiones más inferiores de la faringe, laringe y bronquios pulmonares.

El estroma de los cornetes es el tejido que se encuentra subyacente al epitelio que los recubre, en dicho estroma se encuentran diversos tipos de células así como tejido vascular y nervioso de importancia en la congestión y descongestión nasal, y que junto con el hueso del cornete (esqueleto óseo) forman el cuerpo de esta estructura.

LOS CORNETES Y EL CICLO NASAL

En condiciones fisiológicas normales, el flujo total de aire nasal permanece siempre constante; sin embargo, el flujo por separado a través de cada una de las fosas nasales cambia de forma alternante y puede variar entre 20 y 80 %. A esto se le denomina *ciclo nasal* y es un evento que se presenta entre 70 a 80 % de la población mundial. En otras palabras, el flujo aéreo nasal es asimétrico siendo la entrada de aire de un lado menor que la del otro. En un lapso de tiempo que puede oscilar entre las 2 y 6 horas (aunque las variaciones entre persona y persona pueden ser muy grandes), el ciclo se invierte y la fosa nasal por la que anteriormente entraba menos aire ahora será la fosa menos congestionada y entonces el flujo aéreo será mayor de ese lado.

Este ciclo de congestión y descongestión recíprocos es un evento que normalmente no debe ser percibido por las personas ni debe ser causa de síntomas subjetivos de obstrucción nasal o de molestias en un individuo nasalmente sano. La congestión y descongestión en este ciclo nasal se lleva a cabo por un mecanismo de vasodilatación y vasoconstricción de los cornetes (estructuras eréctiles), especialmente de los inferiores, dicho mecanismo se encuentra regulado por el sistema nervioso central pudiendo ser modificado por diversos factores, como la temperatura, las alergias, el alcohol, algunos alimentos, fármacos, la actividad física, el grado de humedad ambiental, los cambios posturales (por ejemplo, al adoptar una posición acostándose de lado durante el sueño), factores emocionales, hormonales y la presencia de contaminantes aéreos.

Los cornetes inferiores se consideran como las principales estructuras reguladoras del flujo aéreo ya que ejercen un efecto valvular que aumenta o disminuye la turbulencia del aire. El sistema nervioso simpático y parasimpático se encargan de regular la vasoconstricción (descongestión) y la vasodilatación (congestión), respectivamente, y ambos centros se encuentran coordinados a nivel del hipotálamo.

CONSECUENCIAS DEL CRECIMIENTO ANORMAL DE LOS CORNETES

Conociendo el funcionamiento de los cornetes y su relación con el ciclo nasal, resulta sencillo comprender el cuadro clínico que aparece cuando existen cornetes enfermos, siendo características la inflamación y sobrecongestión de estas estructuras, la pérdida del ciclo nasal y la aparición del síntoma cardinal de obstrucción nasal.

En etapas avanzadas de la enfermedad nasal, como en la sinusitis crónica, esta inflamación se perpetúa y los cornetes se tornan anormal y permanentemente crecidos, incapaces de regresar a su tamaño original. No únicamente se presenta la obstrucción nasal en estas circunstancias, sino que al verse afectadas también las demás funciones nasales, como la humidificación, calentamiento del aire y el transporte ciliar, es común que los pacientes refieran síntomas tan variados como resequedad nasal y de garganta, sensación de aire frío y molesto en nariz y faringe al respirar, cuadros repetitivos de faringitis o amigdalitis que no mejoran con antibióticos, sangrados nasales, necesidad de aclarar frecuentemente la garganta (carraspeo) por sensación de tener algo extraño "atorado" a ese nivel , presencia de flemas, múltiples síntomas en los oídos (oídos tapados, dolor, sordera, mareos), sensación de deglutir moco constantemente hacia la garganta, problemas para percibir olores e incluso, en circunstancias más severas, cuadros de bronquitis o neumonía.

HIPERTROFIA

El crecimiento excesivo de los cornetes, conocido también como *hipertrofia*, puede deberse a múltiples causas como las ya mencionadas. Existe una relación estrecha y de vital importancia entre su hipertrofia y la sinusitis. Se sabe que un cornete hipertrófico o malformado, además de provocar la sintomatología de obstrucción nasal, también puede jugar un papel importante en el desarrollo de la sinusitis ya que como se mencionó en capítulos previos, este crecimiento anormal es capaz de obstruir el área conocida como complejo ostium-meatal e interferir con las vías normales de drenaje de los senos paranasales con el subsecuente estancamiento de secreciones y desarrollo de infecciones. De igual forma, se considera que la hipertrofia del estroma de los cornetes inferiores debida a diversas formas de rinitis crónica (como la rinitis vasomotora, la rinitis alérgica y la rinosinusitis crónica), es considerada la causa principal de obstrucción nasal dentro de la población mundial. Las deformidades óseas de los cornetes inferiores también desempeñan un papel importante en los cuadros obstructivos nasales y de sinusitis.

MANEJO MÉDICO

Existen diferentes medicamentos diseñados para el tratamiento de la hipertrofia de cornetes, dependiendo de las causas que se encuentren generando la enfermedad. La gama de fármacos empleados es muy diversa e incluye entre otros el uso de antibióticos, antihistamínicos, descongestionantes tópicos (intranasales) y orales así como el empleo de esteroides nasales y por vía oral e intramuscular. Por lo general, cuando el crecimiento de los cornetes se ha desarrollado como consecuencia de problemas agudos de las vías respiratorias superiores, como en los cuadros gripales, faringitis y alergias agudas, estos medicamentos logran resolver el cuadro y aliviar el síntoma de la obstrucción nasal.

El mayor reto se presenta ante la presencia de enfermedades de larga evolución, como en las rinitis y sinusitis crónicas, en donde regularmente los cambios hipertróficos se han tornado permanentes y refractarias a los tratamientos médicos convencionales. Ante estas circunstancias existen otras alternativas para el manejo de este problema que se exponen a continuación.

TÉCNICAS DE REDUCCIÓN
VOLUMÉTRICA DE CORNETES

Las técnicas más comúnmente empleadas para el tratamiento de la hipertrofia de cornetes son: la cauterización, diatermia, radiofrecuencia, crioterapia, resección parcial o total de los cornetes y el manejo con láser. Por desgracia, todos estos procedimientos, incluyendo los realizados con láser CO_2, YAG y Nd-YAG, son procedimientos destructivos y se asocian a un daño irreversible por vaporización y ablación del epitelio respiratorio que recubre a los cornetes. Por ello, es común que los pacientes quienes se han sometido al tratamiento con estas técnicas presenten, en el mejor de los casos, sólo una mejoría parcial y temporal de sus molestias, regresando a la sintomatología original al cabo de unos pocos meses.

El panorama es aún peor en los casos en donde se han realizado resecciones parciales o totales de los cornetes ya que las secuelas suelen ser más graves y de mal pronóstico, apareciendo cuadros de rinitis atróficas, cicatrizaciones y costras múltiples y permanentes en el interior de la nariz, sangrados nasales e incluso lesión de estructuras tan delicadas como los ojos, vías lagrimales, meninges y cerebro si la técnica de resección ha sido inapropiada.

Desde el año de 1994 los autores han desarrollado y descrito en múltiples publicaciones alrededor del mundo la técnica de la debridación endoscópica o *microdebridación* del estroma submucoso de los cornetes inferiores. Actualmente es la técnica de primera elección para el manejo de cornetes, por ser la más segura y eficaz que existe, y es la más utilizada en lugares como Estados Unidos y diversos países de Europa debido a sus resultados a largo plazo y a que se trata de una técnica no destructiva (figs. 9.1 a 9.4).

Microscópicamente, por medio de la realización de biopsias, hemos comprobado que el epitelio respiratorio de los cornetes permanece intacto a lo largo del tiempo. La técnica consiste en colocar en el interior del cornete un pequeño y fino instrumento, llamado microdebridador, que corta y aspira simultáneamente, con lo cual logra reducirse el volumen del estroma y hueso de esta estructura, así como el número de vasos sanguíneos y nervios a este nivel provocando una disminución en su tamaño y en su capacidad para congestionarse. Como pioneros de esta técnica, contamos con una experiencia de más de 10 años en este campo y hemos encontrado que la resolución total y permanente de los síntomas se encuentra cercana a 97 % de los casos.

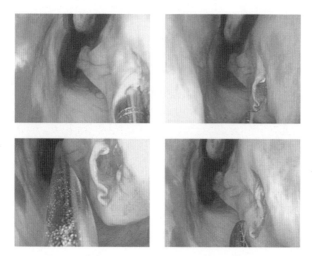

Figura 9.1. Técnica de microdebridación del estroma submucoso de los cornetes. Consiste en introducir una microcuchilla (microdebridador) al interior del cornete para reducir volumétricamente su tamaño. El objetivo es eliminar el estroma (relleno) del cornete sin lastimar su epitelio respiratorio.

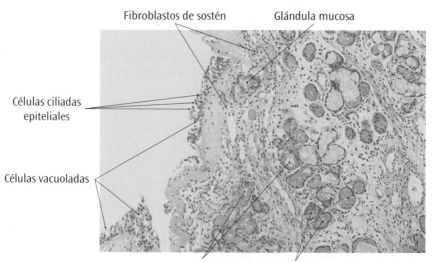

Figura 9.2. Cambios microscópicos en la hipertrofia de cornetes como consecuencia de la infección nasal. Puede observarse el epitelio respiratorio que recubre a los cornetes y por debajo de éste (en el estroma propiamente dicho), podemos ver que existe una cantidad anormalmente mayor tanto en número como en tamaño de glándulas mucosas y serosas así como de células llamadas fibroblastos de sostén, todo ello provoca un crecimiento excesivo del cornete y la aparición de la obstrucción nasal y sobreproducción de moco.

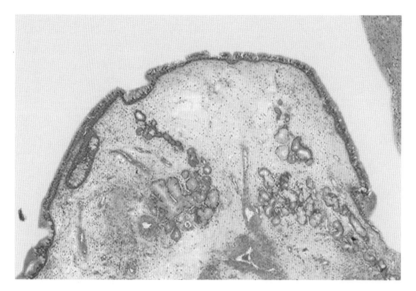

Figura 9.3. Cambios microscópicos después de la técnica de microdebridación del estroma submucoso. Nótese cómo las células ciliadas del epitelio respiratorio del cornete (cubierta) son respetadas y conservadas con esta técnica, con lo cual las funciones nasales normales no se alteran y permanecen intactas.

Pérdida de células ciliadas que conforman el epitelio respiratorio

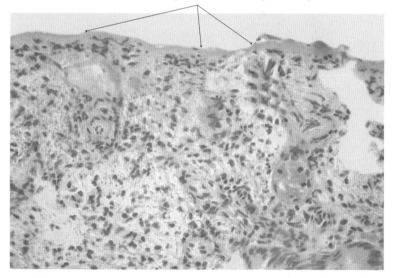

Figura 9.4. Efectos adversos por el uso de radiofrecuencia en los cornetes. Es posible ver cómo existe pérdida y daño permanentes de las células ciliadas del epitelio con el empleo de este tipo de técnicas destructivas.

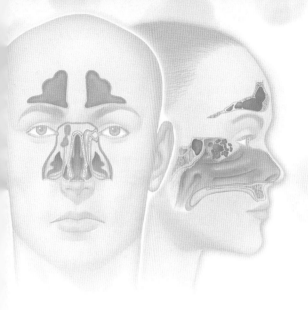

10

Desarrollo de nuevos tratamientos

INTRODUCCIÓN

Día tras día se suman a los ya existentes, nuevos procedimientos diagnósticos y avances en el tratamiento de la rinosinusitis; asimismo, cada vez se comprende mejor el desarrollo de esta enfermedad. Las áreas en las cuales estos avances han sido más significativos son las siguientes:

- Nuevos y mejores antibióticos.
- Genómica y terapia genética.
- Cirugía computarizada o asistida por imágenes de computadora de última generación y robótica.

NUEVOS Y MEJORES ANTIBIÓTICOS

Continuamente aparecen nuevos y mejores antibióticos, de mayor espectro y efectividad, los cuales se utilizarán para reducir o incluso prevenir el desarrollo de la enfermedad y la inflamación de los pólipos. Estos medicamentos ayudarán a bloquear la respuesta inflamatoria (incluyendo los llamados anti-IL5) e inhibirán a su vez los mecanismos que activan el sistema inmunológico (como los denominados anti-IgE), que se

127

ha demostrado pueden desarrollar una sinusitis. En la actualidad se conoce que estos medicamentos bloquean la formación de los eosinófilos, que son las células clave que se encuentran en los tejidos enfermos por sinusitis.

Por otra parte, los investigadores desarrollan nuevos y mejores sistemas de administración de antibióticos, lo que permitirá depositar el medicamento directamente en los sitios de infección con el fin de controlarla mejor, con mayor rapidez y más eficazmente. Habrá nuevos fármacos que reducirán los efectos secundarios que actualmente se presentan en los pacientes, a nivel gástrico o intestinal, como sucede en el presente con las aplicaciones intranasales, ya sea mediante nebulizaciones o goteo directo en las cavidades de los senos paranasales. Todo esto será de gran utilidad en el futuro, de manera que se necesitarán menores cantidades de antibióticos, aplicados directamente en estos lugares, en vez de ser administrados en grandes cantidades por vía oral o sistémica.

La ventaja de la aplicación de los medicamentos actuales es que la mayoría acaban con la infección local y muy pocos pueden pasar al sistema general.

GENÓMICA Y TERAPIA GENÉTICA

No hay duda de que el mapeo del genoma humano ha traído como consecuencia el desarrollo de la terapia genética y la imaginación por los descubrimientos de los investigadores sobre un campo cuyo avance se viene dando a pasos agigantados. Básicamente, cada una de las células de nuestro organismo tiene bandas de ADN, las cuales incluyen material genético que contiene la información de los aproximadamente 30 mil genes que poseemos.

Los genes desarrollan y crean patrones específicos de las proteínas que sirven a nuestro organismo en su desarrollo general y en la defensa contra infecciones, lo que nos hace únicos como individuos.

Estos genes son responsables del color de nuestros ojos, de las enfermedades que padecemos (como alergias), de nuestra tendencia a crear pólipos en la nariz o en otros lugares y de otras anormalidades que pueden manifestarse, sobre todo en quienes existe alguna ausencia de estos genes o en quienes tienen de más, lo cual se relaciona con las enfermedades genéticas.

Ahora sabemos que puede haber alguna conexión entre la sinusitis y una enfermedad hereditaria, como la fibrosis quística, ya que algunos casos de sinusitis crónica pueden estar relacionados con cambios en los mismos genes que producen dicha enfermedad.

Por ejemplo, el gen GRTR regula el flujo y la producción de sal y agua a lo largo de las membranas celulares, de manera que las personas que tienen fibrosis quística son portadoras de alguna copia alterada de este gen, lo que causa acumulación de moco espeso y pegajoso en las vías respiratorias, dificulta la autolimpieza y favorece la infección bacteriana. Por medio de los estudios recientes de este gen, se ha determinado que las personas que sufren sinusitis crónica pueden resultar afectadas por una anormalidad menor del cromosoma que incluye el gen mencionado.

Otra aplicación de la genética estará enfocada, en los próximos años, en la farmacogenómica. Es de dominio popular que existe variabilidad en cada paciente acerca de la respuesta a los medicamentos, lo que se debe en muchas ocasiones a las diferencias genéticas de cada individuo, ya sea en relación con el metabolismo del fármaco o con el sitio a donde éste va dirigido para acabar con la infección.

El objetivo de la farmacogenómica se basa en el perfil genómico molecular de cada paciente, y su trabajo será poder predecir la respuesta al tratamiento con el propósito de mejorar los resultados a través de la genética. Al mejorar todo esto, el pronóstico de la sinusitis en cada paciente se podrá manejar de forma apropiada mediante el uso de bases genéticas en la práctica clínica.

La genética como una puerta de manipulación sobre las bacterias se ha estudiado desde hace varios años, y el futuro en el manejo de bacterias u hongos que desencadenan la sinusitis es ahora una realidad. Sin duda, próximamente se obtendrán mejores resultados con las nuevas formas de tratamiento, como sucede en la actualidad con *Aspergillus flavus*, que es un hongo patógeno oportunista capaz de causar sinusitis por aspergilosis invasiva o no invasiva en humanos, y que también puede generar reacciones alérgicas severas. El conocimiento del genoma de *Aspergillus flavus*, por ejemplo, puede conducir a mejoras en la salud humana en el caso específico de la sinusitis.

La disponibilidad genómica de *Aspergillus flavus* abre una nueva era en la investigación de la micología, en los aspectos médico y patógeno, en lo que se refiere a la biosíntesis de micotoxinas y a la evolución de estos organismos. Asimismo, la genómica de *Aspergillus flavus* permitirá un avance en el desarrollo de fármacos terapéuticos y proporcionará información valiosa para desarrollar estrategias que controlen las enfermedades humanas en general.

CIRUGÍA ROBÓTICA

Actualmente, sabemos que la cirugía guiada por imagen de computadora permite al cirujano navegar dentro de una imagen tridimensional milimétrica dentro de los senos paranasales del paciente. Esta tecnología nos permite erradicar de forma exhaustiva la enfermedad y resulta extraordinariamente útil en el tratamiento de enfermedades complicadas; sin embargo, por ahora existen algunas limitaciones que en el futuro se habrán de eliminar.

La precisión que ofrece tanto la tomografía computarizada como la resonancia magnética permite obtener imágenes de gran calidad, lo que ha ayudado instantáneamente a mejorar la calidad y exactitud de la cirugía. Este tipo de tecnología es muy útil, sobre todo cuando se presentan complicaciones neuroquirúrgicas en la sinusitis. En un futuro no muy lejano, esta técnica seguramente estará al alcance de todos los cirujanos en el momento de operar casos difíciles.

Asimismo, próximamente los instrumentos dirigidos por robots se utilizarán con mayor frecuencia para realizar cirugías en lugares remotos, en los cuales no existan cirujanos calificados para efectuar ese tipo de procedimientos. Sin embargo, todavía falta mucho por desarrollar, pues aún existen limitaciones en la instrumentación y aplicación práctica de estos robots, no obstante que los países desarrollados han invertido grandes cantidades de dinero para llevar a cabo estas investigaciones.

Así, en la sala de operaciones del futuro existirá quizá una computadora, una pantalla tridimensional y enfrente de ella un robot que introduzca los instrumentos en las cavidades nasales del paciente.

Glosario

Adenoide. Tejido linfoideo no encapsulado localizado en la nasofaringe.

Alergia. Reacción de hipersensibilidad del sistema inmunológico a alergenos.

Amígdala. Estructura anatómica en número par que está constituida por tejido linfoideo. De forma redonda, ambas se localizan a ambos lados de la garganta.

Amigdalitis. Nombre con el que se denomina a la infección de las glándulas adenoides o amígdalas.

Analgésico. Medicamento utilizado para tratar el dolor y, en algunas ocasiones, la fiebre.

Antibiótico. Medicamento utilizado para tratar enfermedades causadas por bacterias.

Antihistamínico. Medicamento utilizado para tratar las alergias, el cual bloquea la acción de la histamina.

Asma. Enfermedad que se caracteriza por la constricción intermitente de las vías respiratorias bajas.

Bacteria. Organismo unicelular que causa infecciones.

Catarro común. *Véase* Resfriado común.

Ciclo nasal. Conjunto de reflejos, que generan una congestión o descongestión de las estructuras de los cornetes inferior, medio o superior, en formas intermitente y alternante.

Cilios. Pequeñas prolongaciones de las células ciliadas (cabellos microscópicos) que se encuentran localizados en las superficies de las membranas de los senos paranasales. Tienen la función de autolimpiar, mediante movimientos continuos, el moco que se produce en los senos paranasales.

Cirugía endoscópica funcional de senos paranasales. Es la que se practica con un endoscopio y varias microcámaras de video para limpiar el complejo ostium-meatal y preservar así la mucosa respiratoria.

Cirugía guiada por imagen. Técnica de intervención quirúrgica que utiliza un mapeo tridimensional organizado por computadora.

Cirugía invasiva. Es la cirugía que requiere de una incisión a través de la piel para abordar el sitio operatorio.

Complejo ostium-meatal. Área de drenaje del seno maxilar, que comprende también el seno frontal y los senos etmoidales anterior y posteriores de cada lado.

Concha. Nombre con el que se denomina a ambos cornetes.

Concha bulosa. Deformidad caracterizada por una dilatación de la estructura ósea de los cornetes que puede estar llena de aire, líquido o pólipos.

Cornetes. Estructuras normales del interior de la nariz que ayudan a humidificar, filtrar y calentar el aire que se respira o que entra por la nariz. Al conjunto de ambos cornetes se le denomina concha.

Corticosteroide. Medicamento antiinflamatorio que es la versión sintética de las hormonas que produce el organismo.

Descongestionante. Medicamento que se utiliza para descongestionar los pasajes respiratorios que se inflaman por la infección crónica.

Endoscopio. Formado de varias lentes acopladas entre sí, es un instrumento del armamentario diagnóstico y quirúrgico que se emplea para visualizar de forma magnificada el interior de los senos paranasales.

Epitelio olfatorio. Zona de las membranas nasales, situadas en la parte superior de la nariz, donde se encuentran grandes concentraciones de terminaciones sensitivas o neuronas que nos permiten procesar las moléculas del aroma para percibir los olores.

Faringe. Parte de la garganta que se localiza entre las amígdalas (anginas) y la laringe.

Fibrosis quística. Enfermedad congénita que se manifiesta por la excesiva producción de moco.

Hongo. Organismo perteneciente al reino Fungi, capaz de producir una enfermedad. En la naturaleza se le puede encontrar de dos formas: hifas o esporas.

Influenza. Infección viral de las vías respiratorias producida por el virus de la influenza.

Inmunoglobulinas. Proteínas de la sangre, también llamadas anticuerpos, que el organismo utiliza contra las infecciones y las reacciones alérgicas que el propio organismo produce, como las inmunoglobulinas IgE, IgG, IgA e IgM.

Laringe. Área baja de la garganta donde están las cuerdas vocales y donde se produce la voz.

Manto mucociliar. Capa continua de moco que recubre las células que tapizan los senos paranasales y la nariz.

Meato medio. Sitio de drenaje en el complejo ostium-meatal.

Medicina alternativa. Nombre con el que se denomina a todos aquellos remedios no alopáticos, como hierbas o complementos alimenticios, que se utilizan para tratar los síntomas de las enfermedades.

Membrana mucosa. Capa delicada de la nariz y de los senos paranasales que secreta moco.

Moco. Sustancia compuesta por mucina y sales inorgánicas que están suspendidas en agua. El moco es también un componente de la saliva y recubre todo el árbol respiratorio, gastrointestinal y genitourinario.

Olfato. Nombre del sentido con el que se perciben olores.

Ostium. Apertura natural de cada uno de los senos paranasales por donde drenan sus secreciones hacia el interior de la cavidad nasal misma.

Otitis media. Infección del oído medio.

Otorrinolaringólogo. Médico especializado en tratar las enfermedades de oído, nariz y garganta.

Pansinusitis. Infección de los senos paranasales que involucra a todas las cavidades paranasales.

Pólipos. Protuberancias, a menudo benignas, que se forman en las membranas mucosas, tapizando el interior de la cavidad nasal y los senos paranasales, las cuales pueden obstruir y comprimir las áreas circunvecinas, intensificando los síntomas de cualquier enfermedad relacionada con esos órganos.

Reflujo gastroesofágico. Regurgitación del contenido ácido del estómago y de los alimentos parcialmente digeridos hacia el esófago. En ocasiones, al invadir dicho reflujo la garganta y los bronquios, el reflujo gastroesofágico puede simular síntomas de sinusitis u otitis media.

Resfriado común. Infección viral de las vías respiratorias superiores.

Resonancia magnética. Estudio diagnóstico de imagen, que no utiliza radiación, y que permite visualizar las estructuras blandas de los tejidos intracerebrales y de nariz.

Rinitis. Inflamación de la mucosa nasal.

Rinoscopia. Método de exploración de imagen (en video) del interior de la nariz y de los senos paranasales, en donde se utiliza un endoscopio flexible o rígido.

Rinosinusitis. Término con el que se denomina la inflamación de la nariz y los senos paranasales, que generalmente ocurren simultáneamente.

Seno frontal. Nombre con el que se denomina a los senos paranasales en conjunto, y que se localizan sobre los ojos.

Senos esfenoidales. Porción de los senos paranasales que se localizan detrás de los senos etmoidales, en la parte de la nariz posterior a los ojos, a unos 7 cm de las fosas nasales, por dentro de la nariz.

Senos etmoidales. Porción de los senos paranasales que se localizan a la altura del puente de la nariz, entre los ojos.

Senos maxilares. Porción de los senos paranasales que se localizan debajo de los pómulos.

Septoplastia. Procedimiento quirúrgico que se utiliza para enderezar el septum nasal.

Septum. También denominado tabique nasal, es la porción de cartílago y hueso, en posición vertical (en la línea media), que separa las dos fosas nasales.

Sinusitis. Inflamación de las cavidades de los senos paranasales.

Sinusitis aguda. Episodio de sinusitis de poca duración (menos de tres semanas) y de aparición brusca.

Sinusitis crónica. Episodio de sinusitis que dura más de 12 semanas.

Sinusitis recurrente. Incidencia repetida de la sinusitis.

Tomografía computarizada. Estudio de imagen realizado por computadora, que provee información muy detallada acerca de las condiciones de los órganos y de los tejidos.

Virus. Entes microscópicos, que no son bacterias ni hongos, causantes de diversas enfermedades, como el resfriado común y la influenza.

Bibliografía

"A retrospective study of the treatment of maxillary sinus disease", *Arq. Portugeses ORL*, **6 (2)**:11, 1987.

Acquadro, M. A. y Montgomery, W. W., "Treatment of Chronic Paranasal Sinus Pain with Minimal Sinus Disease", *Ann. Otol Rhinol Laryngol*, **105**:607, 1996.

Ambati, B. K. y cols., "Periorbital and orbital cellulitis before and after the advent of Haemophilus influenzae type B vaccination", *Ophthalmology*, **107 (8)**:450, 2000.

American Academy of Pediatrics Policy Statement, "Recommendations for the prevention of pneumococcal infections, including the use of pneumococcal conjugate vaccine (Prevnar), pneumococcal polysaccharide vaccine, and antibiotic prophylaxis", *Pediatrics*, **106 (lámina 1, 2)**:362, 2000.

American Academy of Pediatrics Subcommittee on Management of Acute Otitis Media, "Diagnosis and management of acute otitis media", *Pediatrics*, **113:** 1451, 2004.

American Academy of Pediatrics Subcommittee on Management of Sinusitis and Committee on Quality Improvement, "Clinical Practice Guideline: Management of sinusitis", *Pediatrics*, **108 (5)**:A24, 2001.

Anon, J. B., Klimekn, L., Mosges, R. y cols., "Computed assisted sinus surgery. An international review", *Otolaryngol Clin North Am.*, **30 (3)**:389, 1997.

Aoki, Hayden Zanamivir, "A potent and selective inhibitor of influenza A and B viruses", *Clin. Pharmacokinet*, **36 (supl. 1)**:v, 1999.

Bellanger, J. J., "Headache and Neuralgia of Face", en John, J. Bellanger, James, B. Snow (dirs.), *Otorhinolaryngology and Head Neck Surgery*, 15a. ed., Lippincott Williams and Wilkins, Filadelfia, 1996, págs. 158-162.

Benson, V. y Marano, M., "Current estimates from the National Health Interview Survey", *Vital Health Stat*, **10 (199)**:1, 1998.

Berges Gimeno, M. P., Simon, R. A. y Stevenson, D. D., "Early effects of aspirin desensitization treatment in asthmatic patients with aspirin-exacerbated respiratory disease", *Ann. Allergy Asthma Immunol*, **90:**338, 2003.

Berrylin J. Ferguson, "Fungal Rhinosinusitis: A spectrum disease", *The Otolaryngol. Clin. North America*, abril, 2000.

Bhattacharyya, N. y Fried, M. P., "The accuracy of computer tomography in the diagnosis of chronic sinusitis", *Laryngoscope*, **113:**125, 2003.

Bhattacharyya, N. y Kepnes, L. J., "Bipolar radiofrequency cold coblation turbinate reduction for obstructive inferior turbinate hypertrophy", *Operative Tech Otolaryngol Head Neck Surg*, **13:**170, 2002.

——, "Clinical effectiveness of coblation inferior turbinate reduction", *Otolaryngol Head Neck Surg*, **129:**365, 2003.

Bhattacharyya, N. y Shapiro, J., "Contemporary trends in microbiology and antibiotic resistance in otolaryngology", *Auris Nasus Larynx*, **29:**59, 2002.

Bhattacharyya, N., "Computed tomographic staging and the fate of the dependent sinuses in revision endoscopic sinus surgery", *Arch. Otolaryngol Head Neck Surg.*, **125:**994, 1999.

——, "The economic burden and symptom manifestations of chronic rhinosinusitis", *Am. J. Rhinol.*, **17:**27, 2003.

——, "The test-retest reliability of computed tomography in the assessment of chronic sinusitis", *Laryngoscope*, **109:**1055, 1999.

Bosch, J. y Yáñez, C., *Atlas quirúrgico del hueso temporal*, Doyma, Barcelona, 1989.

Centers for Disease Control and Prevention Recommendation of the Immunization Practices Advisory Committee (ACIP), "Polysaccharide Vaccine for Prevention of Haemophilus influenzae Type B Disease", **34 (15):**201, 1985.

"Classification and data collection of the results of paranasal sinus surgery", *Acta Otorrinolaringol.*, **45 (1):**1, 1994.

Collins, F. S., "The case for a U.S. prospective cohort study of genes and environment", *Nature*, **429:**475, 2004.

Corrigan, C. Mallett, K. y cols., "Expression of aspirin-tolerant chronic rhinosinusitis", *J. Allergy Clin Immunol*, **115:**316, 2005.

Damm, M., Quante, G., Jungehuelsing, M. y cols., "Impact of functional endoscopic sinus surgery on symptoms and quality of life in chronic rhinosinusitis", *Laryngoscope*, **112:**310, 2002.

David, R. A., "Headache in adolescent: Diagnosis and management", *Med. Clin. North Am.*, **75:**653, 1991.

"El Examen Endoscópico Nasal" (cap. 13), *Rinología, ciencia y arte*, Masson-Salvat Editores, México, 1996.

Eliashar, R., Schel, J. Y., Gross, M. y cols., "Image guided navigation system, a new technology for complex endoscopic endonasal surgery", *Postgrad Med. J.*, **79 (938):**686, 2003.

"Endonasal clipping of the sphenopalatine artery, endoscopic and microscopic technique", *Otorrinolaringol.*, **5 (2)**:1, 1996.

"Endonasal clipping of the sphenopalatine artery: Microscopic and endoscopic technique", en Stammberger, Heinz y Wolf, G. (dirs), *In ERS & ISIAN Meeting 98, Proceedings*, Monduzzi Editores, págs. 501-507, Austria, 1998.

"Endonasal microsurgery of the middle meatus", *Rhinology*, **25 (4)**:285, 1987.

Evans, W. E. y McLeod, H. L., "Pharmacogenomics-drug disposition, drug targets, and side effects", *N. Engl. J. Med.*, **348**:538, 2003.

Fireman, P., "Otitis media and eustachian tube dysfunction: Connection to allergic rhinitis", *J. Allergy Clin. Immunol.*, **99 (2)**:S787, 1997.

Freid, M. P., Kleefield, J., Gopal, H. y cols., "Image-guided endoscopic surgery: Results of accuracy and performance in a muticenter clinical study using an electromagnetic traking system", *Laryngoscope*, **107**:594, 1997.

Glaser, G., "Doctors rethinking treatment for six sinuses", *New York Times*, en la sección "Health and Fitness", 17 de diciembre de 2002.

Gliklich, R. E. y Metson, R., "Economic implications of chronic sinusitis", *Otolaryngol. Head Neck Surg*, **118**:344, 1998.

Green, M. R., "Targeting targeted therapy", *N. Engl. J. Med.*, **350**:2191, 2004.

Hickner, J. M. y cols., "Principles of appropriate antibiotic use for acute rhinosinusitis in adults: Background", *Ann. Intern. Med.*, **134 (6)**:498, 2001.

Horng, S. y Miller, F. G., "Is placebo surgery unethical?", *N. Engl. J. Med.*, **347**:137, 2002.

Irwing, B. S., "Managing cough as a symptom and a defense mechanism Chest", **114 (supl. 2)**:133, 1998.

Jack, Anon., "Computer-Aided Endoscopic sinus surgery", *Laryngoscope*, **108**:949, 1998.

Jiang, R. S. y Hsu, C. Y., "Revision functional endoscopic sinus surgery", *Ann. Otol. Rhinol., Laryngol*, **111**:155, 2002.

Jick, S., "Ciprofloxacin safety in a pediatric population", *Pediatr. Infect. Dis. J.*, **16 (1)**:130, 1997.

Joe, J. K., Steven, Y. H. y Yanagisawa, E., "Documentation of variation in sinonasal anatomy by intraoperative nasal endoscopy", *Laryngoscope*, **110**:229, 2000.

Jolez, F. A., "Image-guided procedures and the operating room of the future", *Radiology*, **204**:601, 1997.

Kennedy, D. W., "Prognostic factors, outcomes and staging and ethmoid sinus surgery", *Laryngoscope*, **102**:1, 1992.

Kowalski, M. L., Ptasinska, A. y cols., "Aspirin-triggered 15-HETE generation in peripheral blood leukocytes is a sensitive and specific and aspirin sensitive patients identification test (ASPITest)", *Allergy*, **60**:1139, 2005.

Lanza, D. C. y Kennedy, D. W., "Adult rhinosinusitis defined", *Otolaryngol. Head Neck Surg.*, **117 (3, lámina 2)**:S1, 1997.

Levinson, W., "Bacterial pathogens in medical microbiology and immunology", McGraw-Hill, 2000.

Lynch, H. T. y De la Chapelle, A., "Hereditary colorectal cancer", *N. Engl. J. Med.*, **348:**919, 2003.

Lynch, T. J., Bell, D. W., Sordella, R. y cols., "Activating mutations in the epidermal growth factor receptor underlying responsiveness of non-small-cell lung cancer to gefitinib", *N. Engl. J. Med.*, **350:**2129, 2004.

Marks, S. C. y Shamsa, F., "Evaluation of prognostic factors in endoscopic sinus surgery", *Am. J. Rhinol.*, **11:**187, 1997.

Martínez Perez, y cols., "Use of a Staphylococcus bacterial vaccine in pediatric patients with chronic sinusitis", *Rev. Alerg. Mex.*, 1998.

Martínez Tejeda, R., Zambada, C. y Yañez, C., "Dexmedetomidina versus midazolam como premedicación en FESS", *Ann. Med.* **49 (4):**184, 2004.

McAllister, W. H. y cols., "Sinusitis in the pediatric population", *American College of Radiology, ACR Appropriateness Criteria, Radiology*, **215 (supl.):**811, 2000.

Meltzer y cols. "Added relief in the treatment of acute recurrent sinusitis with adjunctive mometasone furoate nasal spray", *The Nasonex Sinusitis Group, J. Allergy Clin. Immunol.*, **108 (1):**148, 2001.

Metson, R., Gliklich, R. y Cosenza, M., "A comparison of Image guided systems for sinus surgery", *Laryngoscope*, **108:**1164, 1998.

Metson, R. B. y Gliklich, R. E., "Clinical outcomes in patients with chronic sinusitis", *Laryngoscope*, **110 (supl.):**24, 2000.

Middel, B., Stewart, R. y Bouma J. y cols., "How to validate a clinically important change in health-related functional status", *J. Eval. Clin. Pract.*, **7:**399, 2001.

Mlynarczyk, G. y cols., "Epidemiological aspects of antibiotic resistance in respiratory pathogens", *Int. J. Antimicrob. Agents*, **18 (6):**497, 2001.

Mosges, R. y Scholondore, G., "A new imaging meted for intraoperative therapy control in skull base surgery", *Neurosurg. Rev.*, **11:**245, 1998.

Neff, M. J., "Release guideline on diagnosis and management of acute otitis media", *Am. Fam. Physician*, **69:**2713, 2004.

"New technique for turbinate reduction in chronic hypertrophic rhinitis: Intraturbinate stroma removal. Operative tech. in otolaryngol.", *Head-Neck Surg.*, **9 (3):**135, 1998.

"Otolaryngologic care", *Otolaryngol. Head Neck Surg.*, 113:104, 1995.

Paez, J. G., Janne, P. A., Lee, J. C. y cols., "EGFR mutations in lung cancer: Correlation with clinical response to gefitinib therapy", *Science*, **304:**1497, 2004.

Parikhs, S. R. y Freid, M. P., "Navigational systems for sinus surgery: New developments", *J. Otolaryngol.*, **31 (supl.):**324, 2002.

Petri, W. A., "Antimicrobial Agents", *Goodman and Gilmans Pharmacologic Basis of therapeutics*, McGraw-Hill, 2002.

"Recurrent epistaxis: microscopic endonasal clipping of the sphenopalatine artery", *Rhinology*, **25 (2):**141, 1987.

Reinhardt, H. F., Horstmann, G. A. y Gratzl, O., "Mikrochirurgische Entfernung tiefliegender Gefassmissblidungen und Hilfe der Sonar-Stereometric", *Ultra schall in Med.*, **12:**80, 1991.

Ressel, G., "Principles of appropriate antibiotic use: Part III. Acute rhinosinusitis", Centers for Disease Control and Prevention, *Am. Fam. Physician*, **64 (4):**685, 2001.

Samter, M. Beers, R. F., "Intolerance to aspirin: Clinical studies and considerations of its pathogenesis", *Ann. Intern. Med.*, **68:**875, 1968.

Scheid, D. C. y Hamm, R. M., "Evaluation of suspected acute bacterial rhinosinusitis in adults: part I", *Am. Fam. Physician*, **70:**1685, 2004.

_____, "Evaluation of suspected acute bacterial rhinosinusitis in adults: part II", *Am. Fam. Physician*, **70:**1697, 2004.

Scholz y cols., "Hemophilus influenzae infection and their prevention by vaccination", *Kinderarztl Prax*, **61 (6):**189, 1993.

Scott, J. y Orzano, A. J., "Evaluation and treatment of the patient with acute undifferentiated respiratory tract infection", *J. Fam Pract.*, **50:**1070, 2001.

Seiden, A. M. y Stankiewich, J. A., "Frontal Sinus Surgery: The state of the Art", *Am. J. Otolaryngology*, **19:**183, 1998.

Senior, B. A., Kennedy, D. W., Tanabodee, J. y cols., "Long-term results of functional endoscopic sinus surgery", *Laryngoscope*, **108:**151, 1998.

Snow, V. y cols., "Principles of appropriate antibiotic use for acute rhinosinusitis in adults", *Ann. Intern. Med.*, **134 (6):**495, 2001.

Snow, V., Mottur-Pilson, C. y Gonzales, R., "Principles of appropriate antibiotic use for treatment of acute bronchitis in adults", *Ann. Intern. Med.*, **134:**518, 2001.

Sokol, W., "Epidemiology of sinusitis in the primary care setting: results from the 1999-2000 respiratory surveillance program", *Am. J. Med.*, **111 (supl. 9A):** 19S, 2001.

Spector, S. L., "Allergic and Nonallergic Rhinitis: Update on Pathophysiology and Clinical Management", *Am. J. Ther.*, **2 (4):**290, 1995.

Spiegel, E., Wycis, H. y Marks, M. y cols., "Stereotaxic apparatus for operations on the human brain", *Science*, **106:**349, 1947.

Stall, D., "Inflammatory acute rhinosinusitis", *Presse Med*, **30 (lámina 2, 39):**33, 2001.

Stammberger, H. y Wolf, G., "Headaches and Sinus Disease : The endoscopic approach", *Ann. Otol. Rhinol. Laryngol.*, **134 (supl.):**3, 1988.

Stankiewicz, J. A. y Chow, J. M., "A diagnostic dilemma for chronic rhinosinusitis: definition accuracy and validity", *Am. J. Rhinol.*, **16:**199, 2002.

Sulsenti, G. y Yañez, C., "Endonasal microsurgery of the middle meatus", *Rhinology*, **25 (4):**285, 1987.

Sulsenti, G., Yañez, C. y Kadiri, M., "Recurrent epistaxis: microscopic endonasal clipping of the sphenopalatine artery", *Rhinology*, **25 (2)**:141, 1987.

Szczeklik, A., Stevenson, D. D., "Aspirin-induced asthma: advances in pathogenesis, diagnosis, and management", *J. Allergy Clin. Immunol.*, **111**:913, 2003.

Talbot, A. R., "Mucociliary clearance and buffered hypertonic saline solution", *Laryngoscope*, **107 (4)**:500, 1997.

Terris, M. H. y Davidson, T. M., "Review of published results for endoscopic sinus surgery", *Ear Nose Throat J.*, **73**:574, 1994.

"The headache classification committee of the International Headache Society: Classification and diagnostic criteria for headache disorder, cranial neuralgia and facial pains", *Cephalgia*, **8 (supl)**:1, 1988.

Tommoka, L. D., "Clinical study and literature review of nasal irrigation", *Laryngoscope*, **110 (7)**:1189, 2000.

Treanor, J. J., "Efficacy and safety of the oral neuraminidase inhibitor oseltamivir in treating acute influenza: A randomized controlled trial US Oral Neuraminidase Study Group", *JAMA*, **283 (8)**:1016, 2000.

Tunis, S. R., Stryer, D. B. y Clancy, C. M., "Practical clinical trials: Increasing the value of clinical research for decision making in clinical and health policy", *JAMA*, **290:**1624, 2003.

Turnidge, J., "Responsible prescribing for upper respiratory tract infections", *Drugs*, **61 (14):**2065, 2001.

Wong, S. y Witte, O. N., "The BCR-ABL story: Bench to bedside and back", *Ann. Rev. Immunol.*, **22:**247, 2004.

Yanahisawa, E. y Christmas, D., "The value of computer-aided (image-guided) system for endoscopic sinus surgery", *Ear Nose Trota J.*, **78 (11):**822, 1999.

Yañez, C., "A new use of the microdebrider in turbinate surgery: Intraturbinate stroma renoval with the hummer", en Stammberger, Heinz y Wolf, G. (dirs.), *In ERS & ISIAN Metting 98, Proceedings*, Monduzzi editores, pp. 9-13, Austria, 1998.

_____, "A retrospective study of the treatment of maxillary sinus disease", *Arq. Portugeses ORL*, **6 (2):**11, 1987.

_____, "Endoscopic endonasal dacriocistorhinostomy", *An ORL Mex*, **39 (2)**, 1994.

_____, *Endoscopic Sinus Surgery: A comprehensive Atlas*, Springer-Verlag Editores, Nueva York, 2003.

_____, "New technique for turbinate reduction in chronic hypertrophic rhinitis: Intraturbinate stroma removal. Operative Tech. in Otolaryngol.", *Head-Neck Surg.*, **9 (3):**135, 1998.

_____, "Surgery of paranasal sinuses: Evaluation and follow-up of 239 patients operated on by microendoscopy", *Acta Otorrinolaringológica*, **45 (6):**441, 1994.

_____, "Surgical navigation in endoscopic endonasal surgery: A personal experience", en Mouiel, J. y Montori, A. (dirs), *In EAES International Meeting 2000, Proceedings*, Monduzzi Editores, págs. 541-546, Francia, 2000.

———, "Suture: A new technique for the medialization of the middle turbinate in minimal invasive nasal endoscopic surgery", *Ann. Med. ABC*, **45 (3)**, 2000.

Yáñez, Carlos (dir.), *Endoscopic Sinus Surgery: A Comprehensive Atlas*, Springer-Verlag, Nueva York, 2002.

Yáñez, C., Mara, N. y cols., "A short olfaction test to be used as a reliable diagnostic toll", *Ann. Med.*, **49 (2)**:82, 2004.

Yañez, C. y cols., "Classification method and data collection of results of paranasal sinus surgery", *Acta Otorrinolaringológica Esp.*, **45 (1)**:1, 1994.

Yañez, C. y López, A., "Anatomical variations of the anatomy of the Ethmoid, a Clinical and Radiological Study", *Ann. Med.*, 2002.

———, "Isolated fungal disease of the sphenoid sinus, a report of two cases and it's resolution with minimally invasive surgery", *Ann. Med.*, (The Landmarx Library), 2002.

Yañez, C., "The Bluish Sign: IGS rainbow-view is helpful in differentiating mycotic sinus disease in surgical cases", *The LandmarX Library Journal*, **2 (4)**:135, 2004.

Yañez, C. y Mora, N., "Inferior turbinate debriding technique: Ten year results", *Arch. Otolaryngol Head Neck Surg*, **138**:170, 2008.

Yañez, C. y Nurko, B., "Cirugía de senos paranasales. Evaluación y seguimiento de 239 pacientes operados por técnica microendoscópica", *Ann. Med. Asoc. Med. Hosp. ABC*, **39 (2)**:53, 1994.

Yañez, C., "Difficult revision cases made easier by image guided techniques", *The LandmarX Library Journal*, **1 (1)**:21, 2002.

Yousem, D. M., Kennedy, D. W. y Rosenberg, S., "Ostiomeatal complex risk factors for sinusitis: CT evaluation", *J. Otolaryngol.*, **20 (6)**:419, 1991.

Recursos adicionales

Organización	Provee información sobre	Dirección de Internet y teléfonos
American Academy of Otolaryngology	Información para encontrar un especialista en su área	www.entnet.org 1 Prince, St. Alexandria, VA 22314 (703) 836-4444
American Rhinologic Society	Tópicos sobre sinusitis y problemas nasales	www.american-rhinologic.org Warwick, New York 10990-0495 (845) 988-1621
PubMed Central (U. S. National library)	Búsqueda de artículos científicos sobre sinusitis	www.pubmedcentral.nih.gov
Sinus Surgery and Image Guided Resource Center de México, D. F.	Información relevante sobre tópicos de sinusitis, enfermedades nasales, tratamiento médico y quirúrgico	www.sinus-center.net Av. Carlos Graeff 154, consultorio 310 México, D. F., (55) 16-64-70-18 y 19
Sociedad Mexicana de Otorrinolaringología	Información para encontrar un especialista	www.smorlccc.org.mx Montecito 38, WTC, piso 18, (55) 30-95-46-40

Organización	Provee información sobre	Dirección de Internet y teléfonos
Sociedad Mexicana de Rinología	Información sobre enfermedad nasal Información para encontrar un especialista	www.smrcf.org Montecito 38, WTC, piso 35, (55) 9000-7470

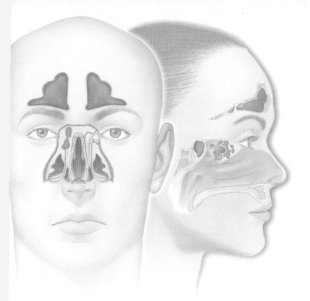

Sección
en color

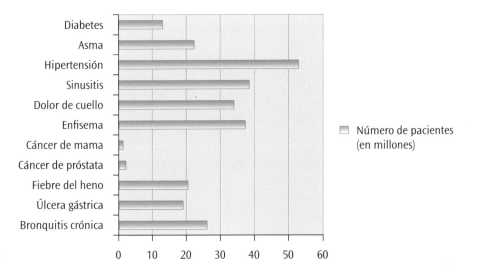

Figura 1.1. Número de estadounidenses con enfermedades crónicas.
(**Fuente:** Center of Disease Control, Summary Health Statistics for US
Adults: National Health Interview Survey, 2008.)

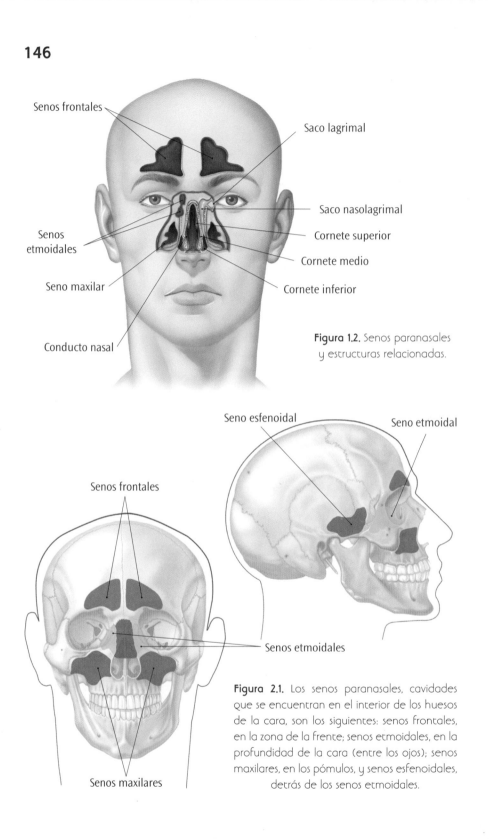

Senos frontales

Saco lagrimal

Saco nasolagrimal

Cornete superior

Cornete medio

Senos etmoidales

Seno maxilar

Cornete inferior

Conducto nasal

Figura 1.2. Senos paranasales y estructuras relacionadas.

Seno esfenoidal

Seno etmoidal

Senos frontales

Senos etmoidales

Senos maxilares

Figura 2.1. Los senos paranasales, cavidades que se encuentran en el interior de los huesos de la cara, son los siguientes: senos frontales, en la zona de la frente; senos etmoidales, en la profundidad de la cara (entre los ojos); senos maxilares, en los pómulos, y senos esfenoidales, detrás de los senos etmoidales.

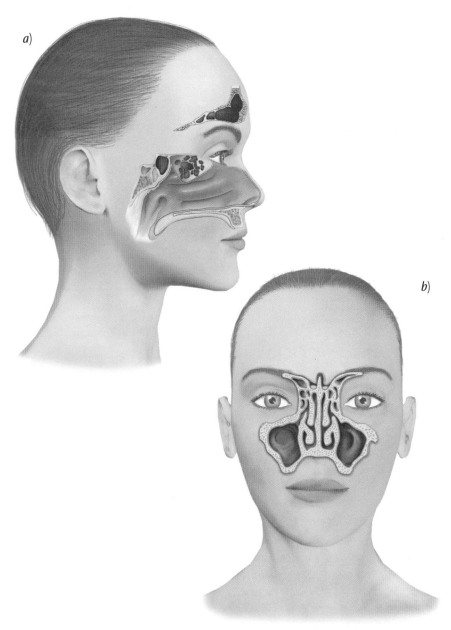

Figura 2.2. Cortes esquemáticos de los senos: *a*) estructuras de la pared lateral de la nariz, en relación con los senos frontal y esfenoidal; los cornetes superior, medio e inferior son protrusiones de esta pared lateral formadas por hueso y mucosa ("tapiz" que recubre todo su interior); *b*) estructura del septum nasal, que divide la nariz y los cornetes en dos lados, cada uno de los cuales se proyecta en la pared lateral de la nariz.

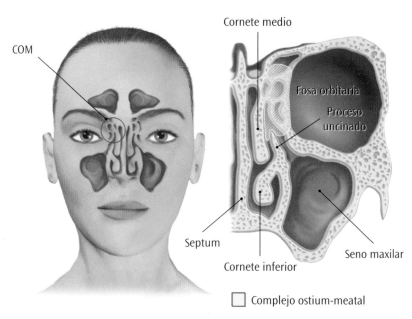

COM

Cornete medio

Fosa orbitaria

Proceso uncinado

Septum

Cornete inferior

Seno maxilar

☐ Complejo ostium-meatal

Figura 2.3. El complejo ostium-meatal (COM) es un área común de drenaje para los senos frontal, etmoidal y maxilar.

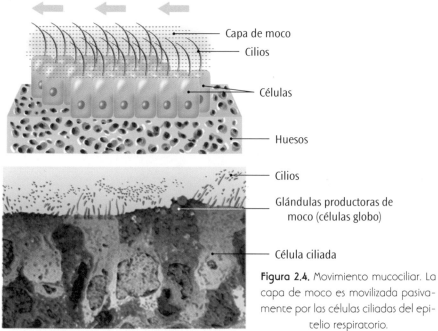

Movimiento del moco causado por cilios

Capa de moco

Cilios

Células

Huesos

Cilios

Glándulas productoras de moco (células globo)

Célula ciliada

Figura 2.4. Movimiento mucociliar. La capa de moco es movilizada pasivamente por las células ciliadas del epitelio respiratorio.

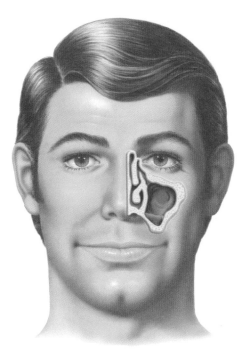

Figura 3.1. La infección de los senos paranasales causa engrosamiento de su recubrimiento mucoso, lo que agrava y perpetúa la infección.

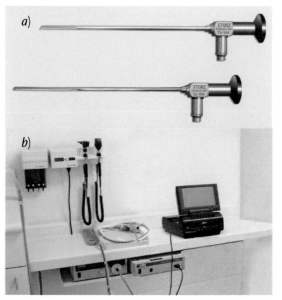

Figura 4.1. La endoscopia nasal a menudo se lleva a cabo con endoscopios rígidos y delgados, cuyo diámetro es de unos 2.7 mm (*a*). Las imágenes obtenidas a través de una minicámara, acoplada al endoscopio, se proyectan en un monitor y a la vez se graban en un equipo de video (*b*).

a) *b)*

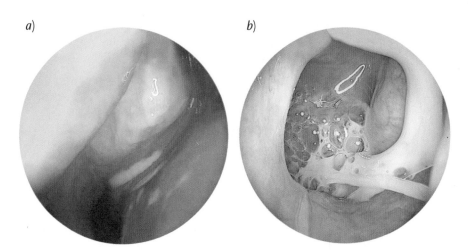

Figura 4.2. Interior de la fosa nasal izquierda en un paciente con sinusitis crónica aguda: *a*) cornete medio, abombado por el reblandecimiento producido por la enfermedad infecciosa; la secreción purulenta proviene del seno maxilar; *b*) secreciones purulentas que drenan desde la parte posterior y profunda de la nariz y escurren hacia la garganta, bañando la zona en donde se abre la comunicación entre la nariz y el oído a través de la tuba auditiva (trompa de Eustaquio).

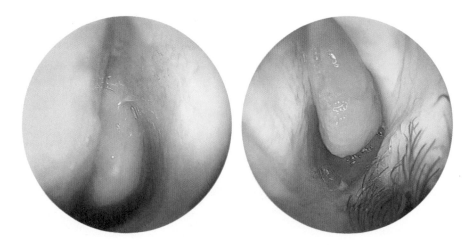

Figura 4.3. Imagen endoscópica de la nariz, en donde se pueden apreciar pólipos múltiples que llenan los espacios del interior de la misma.

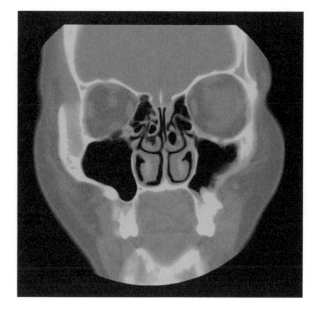

Figura 4.4. Ejemplo de tomografía de nariz y senos paranasales. Este estudio es útil para diagnosticar la extensión y la causa anatómica de las estructuras sinusales.

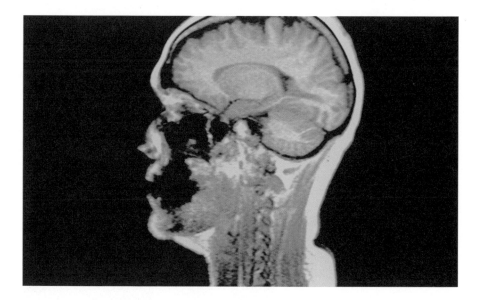

Figura 4.5. Resonancia magnética. Este estudio es útil para visualizar las partes blandas de la anatomía nasal así como las estructuras vitales, vecinas, como son cerebro, ojos y meninges (membrana que envuelve el cerebro).

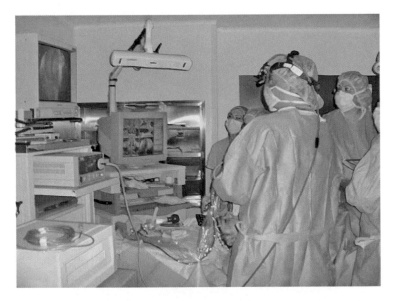

Figura 6.1. Sala de operaciones durante una cirugía de senos paranasales. El cirujano y el ayudante operan con ayuda del monitor, en donde se proyectan las imágenes del interior de la nariz, con ayuda de una microcámara de alta definición. También se observa el equipo de navegación por imágenes de computadora, que posee una antena de cámara infrarroja que proporciona exactitud submilimétrica, sobre todo cuando se trata de localizar estructuras anatómicas durante cierto procedimiento. Este equipamiento es de vital importancia para aumentar la seguridad de actuación del cirujano.

Figura 6.2. Imágenes que se observan durante la operación de senos paranasales, gracias al equipo de navegación por imágenes de computadora que se observan en el monitor del cirujano.

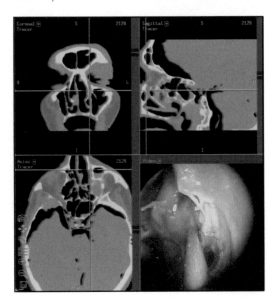

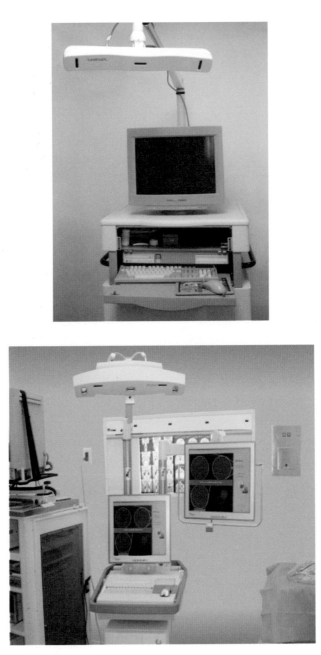

Figura 6.3. Equipo de navegación por imágenes de computadora. En el mercado abundan los equipos que el cirujano puede utilizar: existen los que se basan en la tecnología infrarroja (arriba) y los de tecnología electromagnética (abajo). La ventaja para el cirujano es la seguridad y exactitud de actuación transoperatoria.

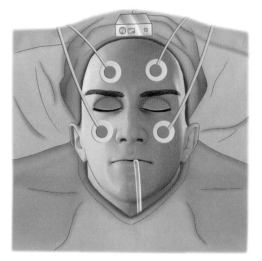

Figura 6.4. Una máscara especial con electrodos (*gliones*) se coloca sobre la cara del paciente. Los gliones, que se colocan en diferentes puntos de la anatomía del paciente, son elementos que el aparato de navegación utiliza para reconstruir en forma más exacta el modelo tridimensional sobre el cual tabaja el cirujano en el transoperatorio.

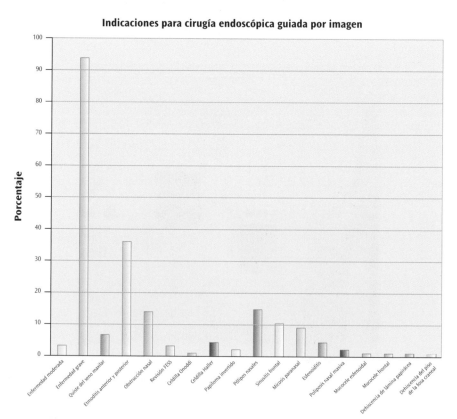

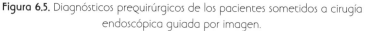

Figura 6.5. Diagnósticos prequirúrgicos de los pacientes sometidos a cirugía endoscópica guiada por imagen.

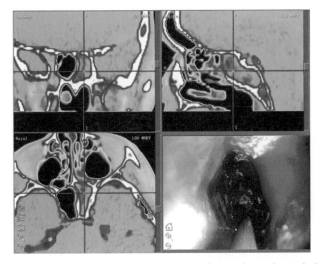

Figura 6.6. Imagen en pantalla de senos paranasales mediante la cual el cirujano se guía al practicar una cirugía endoscópica. Aquí se observa el seno esfenoidal opacificado con tinción azul-verdosa, que sugiere micosis. Asimismo se observa tejido blanquecino-amarillento, también de origen micótico. La punta del instrumento (aspirado) se localiza en las reconstrucciones tomográficas en modalidad *Rainbow*.

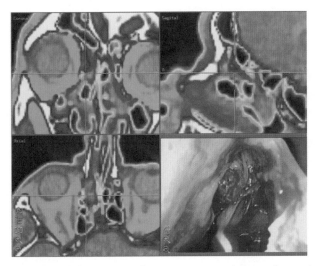

Figura 6.7. Cirugía endoscópica guiada por imagen. En la pantalla se observa, en los senos paranasales, pansinusitis y fosas nasales ocupadas por tejido polipoideo. En la visión endoscópica (abajo derecha) se observa tejido polipoideo del receso nasofrontal derecho, una vez eliminado el tejido polipoideo de dicha fosa nasal. La punta del instrumento (aspirado) se localiza en las reconstrucciones tomográficas en modalidad *Rainbow*.

a)   b)

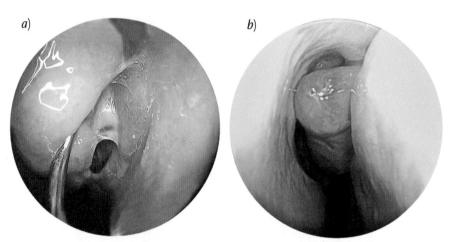

Figura 7.1. Imágenes de la fosa nasal izquierda de dos distintos pacientes con dolor de cabeza de origen nasal: *a)* paciente con sinusitis; *b)* paciente con un pólipo inflamatorio.

Dolor asociado a sinusitis   Dolor tipo cluster

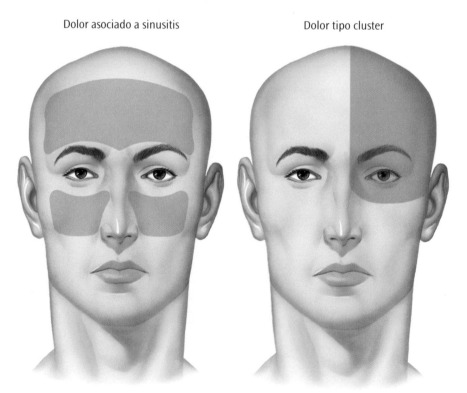

Figura 7.2. Diferentes tipos de dolor de cabeza y su localización típica (zonas sombreadas).

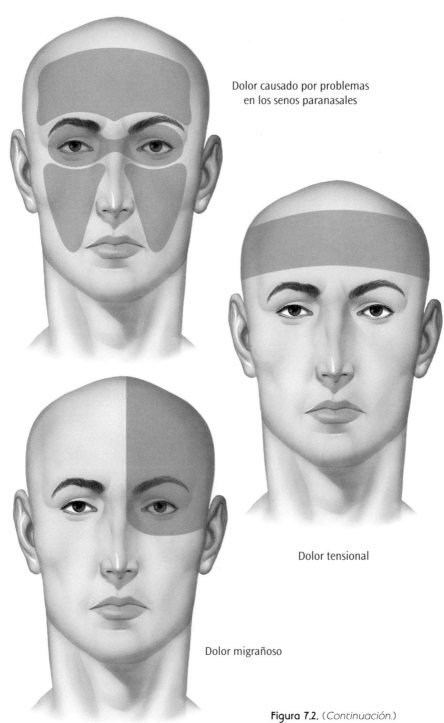

Dolor causado por problemas
en los senos paranasales

Dolor tensional

Dolor migrañoso

Figura 7.2. (*Continuación.*)

Figura 8.1. Los lavados con sustancias antisépticas se recomiendan sólo por prescripción médica. En algunos casos se utilizan durante el posoperatorio de una sinusitis persistente.

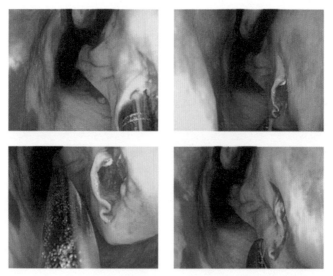

Figura 9.1. Técnica de microdebridación del estroma submucoso de los cornetes. Consiste en introducir una microcuchilla (microdebridador) al interior del cornete para reducir volumétricamente su tamaño. El objetivo es eliminar el estroma (relleno) del cornete sin lastimar su epitelio respiratorio.

Células ciliadas
epiteliales   Fibroblastos de sostén   Glándula mucosa

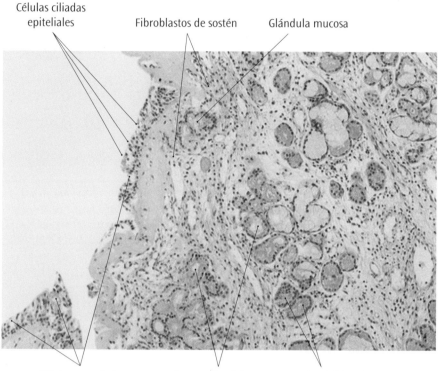

Células vacuoladas   Ductos glandulares   Glándulas serosas

Figura 9.2. Cambios microscópicos en la hipertrofia de cornetes como consecuencia de la infección nasal. Puede observarse el epitelio respiratorio que recubre a los cornetes y por debajo de éste (en el estroma propiamente dicho), podemos ver que existe una cantidad anormalmente mayor tanto en número como en tamaño de glándulas mucosas y serosas así como de células llamadas fibroblastos de sostén, todo ello provoca un crecimiento excesivo del cornete y la aparición de la obstrucción nasal y sobreproducción de moco.

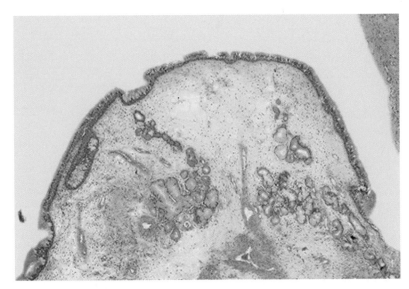

Figura 9.3. Cambios microscópicos después de la técnica de microdebridación del estroma submucoso. Nótese cómo las células ciliadas del epitelio respiratorio del cornete (cubierta) son respetadas y conservadas con esta técnica, con lo cual las funciones nasales normales no se alteran y permanecen intactas.

Pérdida de células ciliadas que conforman el epitelio respiratorio

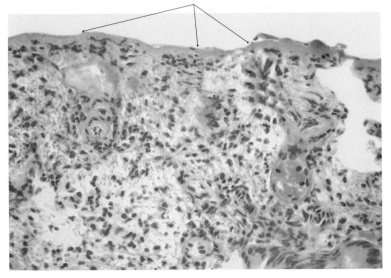

Figura 9.4. Efectos adversos por el uso de radiofrecuencia en los cornetes. Es posible ver cómo existe pérdida y daño permanentes de las células ciliadas del epitelio con el empleo de este tipo de técnicas destructivas.

Índice analítico

La publicación de esta obra la realizó
Editorial Trillas, S. A. de C. V.

División Administrativa, Av. Río Churubusco 385,
Col. Pedro María Anaya, C.P. 03340, México, D. F.
Tel. 56 88 42 33, FAX 56 04 13 64

División Comercial, Calz. de la Viga 1132, C.P. 09439
México, D. F., Tel. 56 33 09 95, FAX 56 33 08 70

Se terminó de imprimir el 7 de enero del 2011,
en los talleres de Diseños & Impresión AF, S. A. de C. V.
Se encuadernó en Encuadernaciones y Acabados Gráficos

B 105 TASS CTP ⊚